中国教育三十人论坛第五届年会部分参会人员合影

中国教育三十人论坛丛书
Books of China Education 30 Forum

重构教育评价体系

朱永新　袁振国　马国川　| 主编

CHONGGOU JIAOYU PINGJIA TIXI

山西出版传媒集团　山西教育出版社

图书在版编目（CIP）数据

重构教育评价体系 / 朱永新，袁振国，马国川主编
. — 太原：山西教育出版社，2019.6
（中国教育三十人论坛丛书）
ISBN 978-7-5703-0449-3

Ⅰ. ①重… Ⅱ. ①朱… ②袁… ③马… Ⅲ. ①教育—中国—文集 Ⅳ. ①G52-53

中国版本图书馆 CIP 数据核字（2019）第 101168 号

CHONGGOU JIAOYU PINGJIA TIXI
重构教育评价体系

责任编辑	张　平
复　　审	康　健
终　　审	彭琼梅
装帧设计	王耀斌
印装监制	蔡　洁

出版发行	山西出版传媒集团·山西教育出版社
	（太原市水西门街馒头巷 7 号　电话：0351-4729801　邮编：030002）
印　　装	山西三联印刷厂
开　　本	720mm×1020mm　1/16
印　　张	16
字　　数	200 千字
版　　次	2019 年 6 月第 1 版　2019 年 6 月山西第 1 次印刷
书　　号	ISBN 978-7-5703-0449-3
定　　价	48.00 元

如发现印、装质量问题，影响阅读，请与出版社联系调换。电话：0351-4729718

前 言

2018年12月2日，中国教育三十人论坛第五届年会在北京举行。本届年会以"重构教育评价体系"为主题，邀请了来自国内外的20多位知名专家学者在论坛上发表演讲，近千名关心教育的各界人士参加了本次大会。

当前中国社会的发展已经从新常态进入新时代，但是仍然有一些教育的重要问题有待解决，其中如何扭转不科学的教育评价导向、从根本上解决教育评价指挥棒问题，就是一个亟待突破的瓶颈。为此，中国教育三十人论坛将第五届年会主题确定为"重构教育评价体系"。这是2018年全国教育大会后首个以"教育评价体系"为主题的论坛。

本届年会内容丰富，安排紧凑。12月2日上午进行主旨发言，下午围绕"大学排行榜科学吗""新高考得与失""学生负担与能力培养""教育创新评价"等话题分设四个论坛。会议期间，中国教育三十人论坛发布了关于大学排行榜的专题研究报告《大学排名的风险》，还和一起教育科技联合发布了《2018年中小学生减负调查报告》。12月3日，部分参会人员参观了北京的优质学校和高科技公司。

参加本届年会的专家学者，除了中国教育三十人论坛成员，还有全国人大外事委员会副主任委员、北京大学原校长林建华，澳大利亚教育家、国际著名作家布莱恩·卡斯威尔，以及研究院、教育机构的负责人等。专家学者们紧紧围绕"重构教育评价体系"展开了积极而热烈的讨论，提出了很多建设性的意见和建议。

年会现场座无虚席，气氛热烈。会场之外，还有超过100万人次通过网络直播观看了本届年会，40多家媒体争先报道年会内容，产生了极大的社会影响。《2018年中小学生减负调查报告》数据翔实，又有具体的对策和建议，发布之后迅速引起社会各界的关注，相关部委专门索要该报告作为政策参考依据。会后，我们呈报的总结性报告《关于建立科学合理的教育评价体系的建议》和《2018年中小学生减负调查报告》，得到了国务院领导同志的批示。不久，教育部等九部门印发了《中小学生减负措施》（简称"减负三十条"）。中国教育三十人论坛为加快和推进我国教育公共治理的综合改革，促进减负措施的出台及执行，做出了自己的贡献。

从推进十余年的新一轮基础教育课程改革，到目前正在逐步展开的高考改革，围绕的核心问题都是评价问题。如何重构教育评价体系，让教师、学生成为评价结果的受益者，是教育政策的制定者、理论研究者和一线的教育实施者都关心的问题。为了让更多关注中国教育改革的社会各界人士了解关于教育评价的最新观点，促进大家思考，我们将第五届年会各位专家学者的精彩发言辑印成册，列入 中国教育三十人论坛丛书，以期凝聚社会共识，推动教育改革。

本届年会由经济观察报社承办。经济观察报以"理性、建设性"著称，是一家非常有影响力的媒体，中国教育三十人论坛与经济观察报社有良好的合作关系。本届年会得到了一起教育科技、迈杰思的大力支持。一起教育科技是全球领先的K12智能教育平台，致力于提供先进的教育科技、优质的教育资源。迈杰思是一个从事幼儿教育的国际机构，拥有自己的国际研究小组和课程研发团队。在此，我们对经济观察报社、迈杰思、一起教育科技的支持表示衷心感谢。

自中国教育三十人论坛成立以来，山西教育出版社作为我们的优秀战略合作伙伴，对论坛活动给予了大力支持和帮助，精心编辑出版了中国教育三十人论坛系列丛书。在此，对山西教育出版社的真诚合作表示衷心的感谢。

中国教育三十人论坛学术委员会

2019年5月9日

目 录

主办方致辞 / 袁振国 1

主旨发言

做好自己的事情 / 林建华 6
大学评价七问 / 徐　辉 17
全球教育模式的"思维革命" / 布莱恩·卡斯威尔 25
"学分银行"制度与未来教育评价 / 朱永新 35
多元化评价：中美比较的视角 / 严文蕃 46
教师评价与职称改革 / 李镇西 62

大学排行榜科学吗

大学排名的风险 / 袁振国 80
大学排名的是非功过 / 陈平原 90
学科排名的几点认识 / 石中英 99
大学排行的筹资问题对中国高等教育未来的一些影响 / 洪成文 107

新高考得与失

关于新高考的实践反思 / 叶翠微 114
高考改革：进展与调试 / 王　烽 123

扩大选择是高考改革的方向／文东茅 ……132
教育评价中的"测不准原理"与我国高考改革／项贤明 ……141
基础教育视角下的高考综合改革／张志勇 ……153

学生负担与能力培养

2018年中小学生减负调查报告／张志勇 ……162
减轻过重学业负担，教育部的责任首当其冲／刘　坚 ……174
在线教育：减负与赋能／刘　畅 ……188
教育"剧场效应"的锅谁来背／杨东平 ……196

教育创新评价

什么是好的幼儿教育／詹富安 ……206
核心素养评价在中国的系统实践／王熙乔 ……215
创新潜质的评价／张　勇 ……226
对于创新教育的评价，要抛弃下意识里的工业时代思维／顾　远 ……233

附录

中国教育三十人论坛关于建立科学合理的教育评价体系的建议 ……243
中国教育三十人论坛成员名录 ……248
中国教育三十人论坛第五届年会演讲嘉宾名单 ……250

主办方致辞

中国教育三十人论坛成员　袁振国

大家上午好。

首先，我代表本次活动的主办方中国教育三十人论坛，对大家的到来表示热烈的欢迎！

中国教育三十人论坛成立已经有五年了。当初我们创办这个论坛，就是希望能够汇集富有教育情怀、追求教育梦想的优秀专家学者共同研究探讨中国教育的重要问题，架设学术与公共政策之间的桥梁，推动中国教育的改革和发展。

回首过去五年，中国教育三十人论坛牢记"凝聚社会共识，推动教育改革"的初心，在国内外举办了20多场论坛。我们邀请海内外著名专家学者，就"教育改革与'十三五'发展""供给侧改革与教育公平""构建现代教育治理体系""人工智能与未来教育"等重大问题展开了热烈的讨论。这些活动产生了巨大的社会影响，得到了社会各界的广泛认可。论坛的总结报告多次得到国务院领导同志的批示，对教育改革产生了积极影响。

迄今为止，中国教育三十人论坛主要在以下地方开展活动：每年12

月初,在北京举行年会,聚焦宏观教育问题,目前已经是第五届;每年5月,在上海和华东师范大学联合举办"春季论坛",聚焦跨界的教育问题,目前已经连续举行了四届;今年10月,我们以国际教育界方兴未艾的"学习科学"为主题,在深圳成功举办了"世界教育前沿论坛",聚焦教育前沿问题。今后我们将把深圳前海作为"世界教育前沿论坛"的永久会址,长期举办下去。

明年11月,我们将在海南博鳌举行首届"博鳌教育创新论坛",这也是一个永久性论坛。

在这里我还要宣布一个好消息,昨天晚上中国教育三十人论坛和浙江海亮集团签订战略合作协议,决定合作举办永久性的"民办教育发展高峰论坛",论坛每年4月在杭州举办,由徐辉老师担任论坛主席。"民办教育发展高峰论坛"主要聚焦民办教育,目的是完善民办教育的体制和政策,提高民办教育整体办学水平。

除了主办论坛,我们还组织读书会、研讨会、内部座谈会,组织课题研究,主办"教育跨界对话"活动,出版中国教育三十人论坛丛书。

总之,经过过去五年的努力,中国教育三十人论坛已经成为社会各界瞩目的教育智库,为推动中国教育改革和发展做出了自己的贡献。

各位朋友,中国教育三十人论坛能有今天的发展,离不开大家一如既往的支持和帮助。在此,我代表中国教育三十人论坛,对大家表示真诚的感谢!

"行百里者半九十。"我们深知,中国教育三十人论坛和高质量的专业化智库相比还有很大差距。我们还要继续努力,多出智力成果,不负社会各界的厚望。我们愿与有志于中国教育改革的各行各业的专家学者和同道中人一起，为推动中国教育改革和发展而努力。

今年年会聚焦"教育评价体系"，具有重要的现实意义。当前中国教育已进入一个新的发展阶段，但是教育评价仍然是一个亟待突破的瓶颈。无论是推进了十余年的新一轮基础教育课程改革，还是正在逐步展开的新高考，核心都是评价问题。在今年9月10日召开的全国教育大会上，习近平总书记强调，要"扭转不科学的教育评价导向，坚决克服唯分数、唯升学、唯文凭、唯论文、唯帽子的顽瘴痼疾"。为此，中国教育三十人论坛邀请国内外专家学者围绕教育评价体系进行切实讨论。这也是今年全国教育大会后，首个以"教育评价体系"为主题的论坛。我们希望通过这次论坛，推动建立科学的教育评价体系，促进中国教育更好发展。

本届年会内容丰富，安排紧凑。今天上午为主旨发言，下午将围绕"大学排行榜科学吗""新高考得与失""学生负担与能力培养""教育创新评价"等话题设四个分论坛发言。在会议期间，我们将发布关于大学排行榜的专题研究报告《大学排名的风险》和《2018年中小学生减负调查报告》。明天，还将组织与会者参观北京的优质学校、高科技公司。

本届年会由经济观察报社承办。经济观察报以"理性、建设性"著称，是一家非常有影响力的媒体，以往多届年会都由这家报社承办。从论坛成立之日起，山西教育出版社就一直积极地支持中国教育三十人论坛，出版中国教育三十人论坛丛书，在此我代表中国教育三十人论坛，向经济观察报社、山西教育出版社表达诚挚谢意！

本届年会得到了迈杰思、一起教育科技的大力支持。迈杰思是一个从

重构教育评价体系

事幼儿教育的国际机构,在新加坡、澳大利亚等国都有广泛的影响力。一起教育科技是全球领先的K12智能教育平台,致力于提供先进的教育科技、优质的教育内容。在此我代表中国教育三十人论坛,对迈杰思、一起教育科技的支持表示衷心感谢!

感谢搜狐教育、超星为本次论坛提供直播服务,感谢腾讯教育、中国教育电视台等国内40多家媒体的记者朋友们参与报道,感谢来自全国各地的朋友们和观看直播的朋友们!

最后,祝愿中国教育三十人论坛第五届年会暨"重构教育评价体系"高峰论坛圆满成功。

谢谢大家!

2018年12月2日

主旨发言

重构教育评价体系

林建华

全国人大外事委员会副主任委员

北京大学原校长

做好自己的事情

很高兴参加中国教育三十人论坛的活动。这是我第一次参加，过去一直比较忙。我非常关注中国的教育，因为我从事教育工作也已经很长时间了。

我看了一下，我们此次论坛是要讨论"教育评价体系"的问题。大概几个月前，我参加了一个座谈会，"做好自己的事情"，这是我当时发言的题目。那个座谈会主要是就面临更加严峻的国际形势，我们怎么去应对展开讨论，我当时的核心观点就是我们要"做好自己的事情"。今天讲评价的时候，我还是这个观点，就是我们要"做好自己的事情"。

当我们面对一个评价，排名也好，社会对大学的评价也好，各种各样的声音，大学应该坚守，应该努力去把自己的事情做好。这是我今天想讲的核心问题。

现在，我们来看看中国大学这些年的发展环境。实际上过去，特别是过去20年，中国高等教育的发展速度应该是非常快的。我们很多学校都建设了高水准的教师队伍——我想这是大学的核心——我们的学术水准也上升得非常快。如果说你用任何一个数据，文章也好、经费也好，来衡量我们的研究活力的话，我看了一下北大的情况，也看了一下其他学校，大概是15到20倍。科研经验也好，文章也好，包括文章的质量上升也是非常快的。所以中国大学这些年的国际影响力和社会影响力，应该说提升得很快，特别是在学术研究方面。

我非常清楚地记得，20年前我们跟国外的大学对话的情况。今天完全不一样了，并且从全国的范围来看，我国已建成世界最庞大的高等教育体系和人才培养体系了。应该说，过去这些年的发展，我们高等教育为国家提供了人才和学术的支撑，并且满足了社会公众对于"要上学"这样的一个要求。当然，在"上好学"这个方面校际差距还是非常大的。

对于中国教育的进步，我们身在其中，可能感受并不是那么深刻，但是国外同行对中国教育的发展给予了很高的评价。

我们来看看中国大学发展的外部环境。中国大学的发展，中国教育的发展，得到了政府和社会公众高度的关注和支持。我这里讲的一个是"关注"，一个是"支持"。高度的关注有有利的一面，也有不利的一面。比如中国大学的发展得益于中国改革开放以来经济的快速发展。近年来，我们对教育和学术研究的投入是空前的，并且社会公众对高水准的教育的期盼也给予我们很大的动力。很多地方政府，对这点感受是非常深的。你到任何一个地方去，地方政府都希望把当地的高等教育办得更好。

当然高度的关注也会造成一些不利的外部环境。比如造成了急于求成的浮躁，大家都盯着眼前的利益。我们作为校长压力还是很大的。前两天我跟一些校长谈起来，他们感觉到压力很大。特别是东南部的发达地区，现在政府对高等教育特别关注，希望高等教育能够提供更多的支持社会经济发展的动力。同时这种状态也造成了政府，包括社会公众的舆论，对大学过度的干预。这种干预，对教育的影响还是很大的。

最近还有一个很不利的因素，就是中美关系。在国际交流上，我想下一段会对中国大学的发展产生很大的影响。最近美国已经公布了对一些领域的限制，特别是对中国学生的限制，我想这将来会对我们的教育产生一定的影响。这些都是我们需要关注的。这是一个整体的环境，我们的大学就存在于这样的环境当中。在这样的环境中我们怎么去应对变化，每个大学都要做出自己的选择。

当然大学自身也面临着很多的挑战。一个最大的变化，就是我们的大学正处在从资源和规模驱动向内涵驱动来转变这样一个阶段。在资源和规模驱动的情况下，我们存在着很多很多的问题。比如从政府的角度看大学，它认为我们的人才培养质量还不高，我们在科技创新、思想创新方面的能力还不强，还不能够完全满足国家和社会经济发展的需要。

社会公众认为我们的教育模式过于单一。社会公众的需求是多样化的，但是我们的教育模式是非常单一的，不能满足公众"合适的人接受合适的教育"的要求。

优质教育资源还是很匮乏的，特别是在西部地区，因为我在西部

地区工作过。在重庆大学时,我们建立了东西部课程共享联盟,目的就是要推动东西部的优质教育资源的共享。优质教育资源匮乏是一个非常大的问题,这个匮乏,一方面是由于我们教师的水准,更大程度上是因为我们的学校、我们的教师对教育文化的梳理还不够好,还不能满足社会公众对多样化的教育的强烈的需求。

对于大学来讲,都存在着很强的向外部拓展资源的冲动,这个冲动是很强烈的。我们强调内涵发展已经很长时间了,但是你可以看到,我们的大学还是非常希望通过扩大规模来提升自己的影响力。另外,就是大学的精神和大学的基本价值遵循正在被侵蚀。现代大学制度体系并没有完全建立起来,这个影响是非常大的。我现在经常看到讨论教学和科研的关系,这是大学面临的一个非常大的问题。

我刚才讲的是大学面对的外部环境。后面我还会讲排名、评价,这些对大学的影响也是很大的。大学需要内涵建设,要想加强内涵建设,我们必须要对大学自身的规律有所认识。从外部看,大学最关注的、社会最关注的,是大学的社会影响力和学术影响力。社会影响力和学术影响力的来源是什么?它最重要的来源,是它的学生为社会所做的贡献。当然学术研究也是非常重要的,对于大学的社会影响力和学术影响力也是有很大贡献的。但是比起学生对社会的贡献,对大学声誉的影响,学术研究的分量实际上要小得多。我觉得这是一个非常重要的认识。也就是说,我们要从大学自身发展的角度,从学校利益诉求的角度,来看人才培养到底有多重要这个问题。

在北大,我经常跟同事们讲,我说我们现在研究做得很好,但是可能过十年，我们今天的研究成果大多数都没有人记得了。我们今天培养的人，十年以后在社会上的贡献，是我们北大最重要的影响力。

所以对于大学的管理者来说，我们要时刻记住，人才培养是我们最核心的使命。要想培养好"人"，必须要有强大的教师队伍、最好的教师队伍。要想有好的教师队伍，就必须有好的学术环境，能够做好的学术研究。学校能够做好的学术研究，才能吸引最好的教师。所以我们说，学术研究的第一个任务是服务于我们的人才培养。学术研究支撑我们的教师队伍，当然它也支撑国家的科技进步、创新发展。我觉得这是大学发展的内在逻辑。

从这里我们可以看出，大学最核心的就是"人"，就是我们的学者、我们的学生。大学最主要的声誉，是来自于我们的学生的。所以要想成为一所好的大学，要想有好的教师，必须要聚集最优秀的学者。大学的使命首先是培养人，同时大学要产生新思想，产生前沿科学技术，推动国家的发展和人类的进步。所以我们讲的综合改革，最核心的就是要激发人的潜能。

大学是一个非常特别的机构，它和很多机构是不一样的。大学是高度依赖于个人的创造性的，大学如果失去了个人的创造性，那么将一无是处。我这里有一个图，这是一个齿轮箱。齿轮箱内有主动轮和从动轮，主动轮提供动力，从动轮被动地转动，动力就这样传递下去了。如果用齿轮箱来描述大学的话，那么每一个齿轮都应该是主动轮。每一个齿轮都能提供动力，就像每一个人都是有创造性的一样。我们办大学，最重要的就是要充分释放学者和学生的创造潜力，就是要让每一个齿轮都提供动力。如果每一个齿轮都在主动运动,但是它们的方向不协调的话,那么这个齿轮箱是输出不了任何动力的,动力是会互相抵消的。所以大学师生必须要凝聚一种共识。这个共识就是,要共同完成学校使命,要推动国家发展,要推动人类的进步。这是大学师生必须凝聚的共识,而不能你朝东我朝西,互相打架,这样动力就很难激发出来。

所以大学有两条是非常重要的,一个是要激发大家的潜力,一个是要凝聚共识。要想激发大家的潜力,必须要关注每个人的利益,要看看每个人、每个机构的利益诉求是什么。要想凝聚共识,就要有共同的文化、共同的价值追求。

我们来看看大学中学校、院系、教师等各方面的利益诉求分别是什么。

学校以人才培养为核心使命,这个我在大学的内在逻辑中已经讲了。院系,它也关注教育,但是它最关注的是它在本学科领域的声誉。学术声誉,这是每一个院系最关注的。

教师关注什么?教师最关注的是个人的专业发展。作为一个教师,选择去北大还是去清华,取决于哪个学校能够给他提供更好的专业发展环境,使他的专业能够成长得更好。所以教师最忠诚的实际上是他的专业,他并不忠诚于学校,而是忠诚于他的专业。如果一个教师在他的专业领域里没有声誉,他将一事无成,他哪儿都去不了。如果他在学校里有矛盾了,他在北大没干好,他到清华去还是可以的。教师最重要的实际是他个人的专业发展,这是大家要记住的。

所以要想吸引最好的教师，作为学校、作为院系，首先要为这些教师提供好的发展环境，要满足他个人对专业发展的利益诉求。必须要满足，不能满足他会走，这是显而易见的。但是作为学校也必须要求教师担负使命，把教学工作做好，把人才培养好。这就要用学校的政策导向、院系的政策导向督促教师做好事情。专业发展是教师的主要诉求，人才培养是学校的核心使命，所以我们要采用一系列措施去引导和激励教师把更多的精力投入到教学和育人中。

举个本科教育改革的例子，因为这是大学中最难的，就是怎样能够把教师、院系调动起来。本科教育改革，我们现在有很多不同的模式，各种各样的。但是我认为在大学里，特别是在研究型大学里，本科教育最大的障碍、最大的困难，其实是教师和院系缺乏积极性和创造性这个问题。

我们刚才讲，院系和教师实际上并没有顶级的利益诉求。所以学校必须得有一定的措施，让他们把人才培养作为顶级的利益诉求。那么有什么办法呢？把本科教育的优劣作为关涉院系和教师生死存亡的一件事情，他们才能够真正重视起来。在北大我们做了一些尝试。比如说学生可以在学院内自由流动，自由转专业，这样有些院系你教学做不好，学生都走了。按照教育任务来配置学校的资源，这就涉及院系的生存，涉及院系的发展了，他们就会更加重视教育，这还是有一定效果的。教师也是这样。其实学校对教师是没有太多控制能力的，学校控制不了很多教师。院系是可以控制的，院系可以通过建立公平、公正的评价与晋升体系调动教师工作的积极性。我们设立了很多

新的跨学科的专业，推动主修和辅修，让教师感觉到教学也是需要创新的。

我们现在讲教育改革、教育模式，讲得非常多。但是如果教师、院系没有真正地动员起来，一切都是零，不会有很好的效果。特别是研究型大学，调动教师教学的积极性，这是一个非常重要的任务。

北大实行了通识教育与专业教育相结合的方针。学校希望学生能够懂自己、懂社会、懂中国、懂世界。同时我们认为专业教育也是非常重要的，它是教育的起点，专业的态度对学生的成长也是非常非常重要的。我们的目标是培养能够引领未来的人。

最近关于基因编辑的事情炒得很热，这是一件非常大的事情，突破了科学伦理这一底线。其实仔细想一想，这充分暴露出来，有些科学家对人类自身，对我们的这个世界是缺少尊重、缺少敬畏的，认为科学可以解决一切问题。培养什么人，是我们教育的首要问题。科学和技术教人"do things right，do right things"。你给他一个任务，他能把这个过程走通了，能够完成这样的任务。如果我们将来的人都仅仅是这样的，他不能判断是非，不能判断正确与错误，那么这个世界是非常危险的。特别是当今技术高度发达的时代，人工智能、生命科学迅速发展，我们将会面临非常严峻的挑战。我们的教育将来应该怎么办？如果将来我们培养出来的人，都是像机器一样思考，那这个世界可真是要乱了。所以我们的通识教育一定要让学生不仅要"do things right"，而且还要"do right things"。

最后我想说一下，我们要抵御干扰，坚守大学的使命。

主旨发言

大学排名中会列出很多数据指标，我把它形容成"瞎子摸象"。这个去量一量象的腿有多长多粗，那个去量一量象的鼻子有多长多粗。最要命的是，现在很多学校是按照排名的指标去办大学，排名里缺什么东西就去补，觉得补上以后就提升了，任务就完成了。这是大学最不应该做的事情，但是现在很多大学都在做。

我记得大概10多年前，就是大学排名刚刚兴起的时候，一位外国大学校长来北大访问。那时候我做教务长，他问你对大学排名这个事情怎么看，我说我们好像不太在意。他问为什么，说我们欧洲的学校还是蛮在意大学排名的。我后来跟他讲，我们中国发展得很快，北大的发展是站在中国发展的基础之上的。另外我们的心气还是很高的，就是我们要成为世界顶尖的大学。因为我们的心气高，所以我们知道差距，也不那么急，我们知道我们与世界顶尖大学的差距还是很大的，我们会努力。所以大学排名今天好、明天差，我觉得对我们的影响都不会太大。前一段时间我参加了一些活动，大家觉得大学排名对于高等教育整体的影响还是非常大的，特别是很多学校开始对着指标办学，这是一个很大的问题。所以我觉得这次活动中发布大学排行榜的专题研究报告，还是非常有意义的。

除了外部的评价，我们内部的问题也是很多的。所谓的唯论文、唯职称、唯学历、唯奖项的"四唯"，就反映了我们学术管理的惰性，大学、大学校长，也包括学者，他们已经不会学术评价了。他们不去认真看这些教授做了什么，有什么样的成就，而是根据他们的帽子、文章去做评价。这个非常容易，是懒惰的做法。学者要担负起学术管

理的责任、教书育人的责任，学者要主导学术评价、教师评价、学科的建设，这是我们要做的，而不是去做行政主导。

另外要营造学术环境。要有一流的学术环境，要换位思考，要从师生的角度考虑问题。现在很多人都是从行政的角度，从自己工作方便的角度考虑问题，而不是说这件事能给教师什么体验，而是我自己方便，这就有问题了。我们要有为他人做嫁衣裳的心态，不要老想着占便宜，要学会倾听，要宽容，因为有天分的人往往是个性非常鲜明的。

面向未来，大学要打破边界，要打破学术的边界，要打破学习的边界，要打破学校的边界。面对技术的发展，要打破边界，共创未来。

最后我想小结一下。这是科技创新最好的时代，也是最具挑战性的时代。国家的快速发展为大学提供了难得的发展机遇，同时伴随着浮躁心态和功利取向对大学的肌体和灵魂的侵蚀。大学要创新更要守正，这样才能真正铸就中国高等教育未来的辉煌。

谢谢大家！

主旨发言

徐 辉

中国教育三十人论坛成员

民盟中央副主席

全国人大宪法和法律委员会副主任委员

中国教育发展战略学会副会长

 重构教育评价体系

大学评价七问

这七个问题都是多年来在各种场合与学者、政府官员和大学管理者研讨当中大家很关心的问题。

第一个问题：大学评价是一个新事物吗？不是的。其实自从大学诞生以来，某种形式的大学评价就一直存在，只是形式和特点与今天很不相同。近年来，各种类型的大学评价如雨后春笋般冒了出来，有些人就以为大学评价是新鲜事物，其实不是的。例如19世纪中叶，牛津大学和剑桥大学在办学过程中存在很多问题，校风校纪很差。但因为大学有自治传统，政府管不了它们，1850年就成立了英国皇家牛津大学委员会和英国皇家剑桥大学委员会，对牛津和剑桥两所大学的教学管理、教风学风等进行专题调查。1852年发表的调查报告要求两所大学改革行政机构，增强民主管理，整顿校风校纪，加强学科建设。

什么是大学评价？其含义是非常广泛的，教育督察、专业评估、学科评估、特色评价、质量认证等都属于广义的大学评价。但有一个问题：大学分类算不算评价？这是有不同看法的。评价必然含有价值判断，分类则不一定如此。例如影响广泛的美国卡内基高等院校分类（The Carnegie

Classification of Institutions of Higher Education），它从 1970 年开始就对美国所有经过认证并享有学位授予权的高等院校进行分类，所分类型包括博士学位授予院校（Doctorate-granting Universities）、硕士学位授予院校（Master's Colleges and Universities）、学士学位授予院校（Baccalaureate Colleges）、协士学位授予院校（Associates Colleges）、特殊类型院校（Special Focus Institutions）、部族类院校（Tribal Colleges）和其他院校（Not Classified）等。按理说这种分类不算是一种评价，就像我们对植物和动物进行分类一样，并不具有价值判断。但是在我们的话语体系里面，分类经常是最重要的评价，哪个大学属于"985"，哪个大学属于"211"，现在说哪个大学属于"双一流"，许多人都认为是对大学最重要的评价。进入哪个圈子里面就属于哪个圈子的玩家。不在这个圈子里面，对不起，圈子里许多重要的事基本上与你无关。

第二个问题：应该不应该对大学进行评价？这个问题争议很激烈。从根本上说，这涉及大学的使命问题。著名大学研究专家亚伯拉罕·弗莱克斯纳（Abraham Flexner）曾经说过，"假如我们可以解散现有的大学，随心所欲地重新组建，那么我们应该建立什么样的大学呢？我们不会把大学都建成一样的——都像英国的、法国的、美国的或德国的，但不管留下多大的余地去考虑民族性和传统的不同，我们都会注意到学者和科学家主要关心四件事情：保持知识和观念；解释知识和观念；追求真理；训练学生以传承事业"。

一方面，反对大学评价的人有很强硬的理由。

第一个理由，追求真理是一个漫长的过程，你很难在短期内对科学活动进行评价。我们现在经常听到的反对大学短期评价的理由就在于此。

曾经有一个笑话,说明了理解真理的艰难和科学评价的困难:1930年,德国出现了一本批判相对论的书《一百位教授出面证明爱因斯坦错了》。爱因斯坦闻讯后,耸耸肩道:"100位?干吗要这么多人?只要能证明我真的错了,哪怕是一个人出面也就足够了。"对科学理论对错的判断不能简单实行一人一票"民主"决断,还是要尊重科学规律,由科学实验和科学观察来验证。

第二个理由,大学追求创新、多样化,评价会导致一致性和趋同性,最终扼杀创新与多样化。这也是反对大学评价方面说得比较多的一个理由。

第三个理由,大学评价导致大学追逐功利性,结果是重理轻文、重工轻农、重大轻小、重综合轻单科、重指标轻内涵。坦率地说,在现实中的确出现过不少类似问题。

第四个理由,是从维护大学办学自主权(Autonomy)方面考虑的。尤其在国外,大学自主办学已经有数百年的历史了(如牛津和剑桥已经有800多年的自主办学历史)。通过大学评价干涉大学自主办学,在有些人看来破坏了大学自主办学的传统。

另一方面,赞成对大学进行评价的理由也很充分。

第一个理由,大学举办者和出资人有权监督、评价大学办学状况。你拿我的钱办学,却不允许我对你进行监督评价,这在今天到哪里都说不通。你的自主权很重要,接受绩效评价也很重要,我代表纳税人给你投了那么多的钱,给了你那么多的资源,你说我不要管你,不要评价你的办学成效，没有道理哦。任何企业和事业单位都要接受绩效评价，为什么对大学就不能进行绩效评价了呢？

第二个理由，现在大学已经不是象牙塔了，已经从以前的"边缘性社会组织"转变成今天的"关键性社会组织"，其事业具有重大的公益性和社会性，社会关注度越来越高，公众对你进行社会评价是他们的权利和自由。

第三个理由，良性的大学评价是啄木鸟，有利于大学消除弊端，强身健体。

我认为赞成与反对大学评价都有理由，但两者之间的矛盾并非不可调和。在现代社会，大学必须接受评价，也应该能承受得起评价，但无论对大学评价怎么做，关键的是，必须理解并尊重大学办学的特殊规律，理解并尊重大学学者探求真理的艰苦性与长期性，理解大学评价自身的局限性。

第三个问题：如何看待行政性评价？在各种大学评价中，行政性评价具有特殊重要性，因为行政性评价是跟资源分配、声望等紧密结合在一起的。行政性评价的特点是权威性强，导向性也很强。高等院校最看重的还是行政性评价，行政性评价对高等院校的资源分配、声望等具有最直接的决定作用。一所"211"工程院校与一所非"211"工程院校，一所"双一流"建设高校与一所非"双一流"建设高校，其资源和声望差别是很大的，有时甚至是决定性的。但行政性评价面临一个突出的问题，就是在对大学进行了某项评价之后，得到的结果有好有差。手中的资源应该用来支持好的院校还是差的院校？如果都给好的院校，结果是好的院校越来越

好，差的院校越来越差，但那些差的院校有可能正是长期得不到合理资源分配的院校。在这个问题上，各国都面临同样的困境。

学术讲求竞争，但是评价倾向固化。如果评价导致分类固化、阶层固化、声望固化，削弱了大学和学术的竞争，结果会非常不利于高校的特色发展，这一点是要防止的。现在"双一流"建设5年一个周期，滚动淘汰，不搞终身制，这一点很好，也很重要，值得倡导。

第四个问题：如何看待专业性评价？时间关系，我不多讲。在各种大学评价当中，专业性评价最值得加强与完善。专业性评价当中最有价值的是同行评价，但现在我们的同行评价机制和风气还不理想、不完善。谁最有资格评价一项前沿的科学研究？必然是同行专家；谁最有资格评价一所大学办得好坏？当然也是同行管理人员和学者专家。专业性评价不能简单地看几个指标与数据，而是要深入到核心理念、创新机制。现在经常看到的是，内行不敢大胆说话，外行评价四处泛滥，这不是一个好的现象。独立的、科学的、真诚的、大胆的专业性评价对大学发展极其宝贵，我们应该努力培育这种机制与环境。相比行政性评价，专业性评价还是个很好的缓冲机制，这种机制在英国和香港大学经费拨款中起到了特殊的作用，值得我们研究与学习。

第五个问题：如何看待社会性评价？现在以媒体为代表的社会性评价越来越多，所以这个问题要特别讲一讲。社会性评价有什么特点呢？一是影响越来越大，二是广泛体现民意，三是形式类别越来越多，四是功利性显著。从积极方面来讲，社会关注大学是件好事，毕竟大学生源来自社会，同时大学也是为社会培养人才，大学的许多科研成果也要到社会上去应用。社会性评价有利于大学对社会需求做出积极的、及时的和客观的反应。但是大学对社会性评价也要有定力，不能随波逐流，失去自我。社会性评价难免有功利性，记得美国有个著名的杂志对大学进行排行，主编说如果每年评价结果都一样，都是哈佛大学排第一，公众就会对大学排名失去兴趣，知道结果就那样，不会变化，因此有时必须要动一动排行榜，有时让耶鲁大学排第一，引起公众对排名变化的兴趣，提高杂志的销售量。评价的这种功利性目的对企业可以理解，但对大学就失去了客观性和科学性。因此我们应该客观看待社会性评价的积极作用和消极作用，可以做参考，但不要为其所左右。

国外的大学社会性评价有很多，如大家所熟知的英国每年发布的THE世界大学排名和QS世界大学排名，美国的US News世界大学排名和福布斯世界大学排名等等，时间关系，这里就不一一评价了。

第六个问题：如何看待功能性评价？现在比较多的看法是大学承担教学（Teaching）、科研（Research）和服务（Service）功能。相应地，也有围绕这些功能进行的大学评价活动。教学评价的典型例子就是本科教学评估和专业认证，当然专科和研究生教学评估活动也很多。功能性评价现在存在的问题也很多，例如科研评价都离不开师资队伍水平评价，许多评价都给出了所谓"客观""权威"的数字，仔细分析起来问题很多。

我想给大家举一个例子，像诺贝尔奖，诺贝尔官方网站公布的数据是，1911年至2018年期间各项诺贝尔奖（包括经济学奖和和平奖）总共是590项，获奖人数为935人。但是许多大学排行榜或评价中的诺贝尔获奖人数加起来远远超过这个数字。有一个被广为引用的大学排行榜，统计出排名第一的哈佛大学诺贝尔奖获奖人数为158名,但我们打开哈佛大学的网站看一看,它统计自己的诺贝尔奖获奖人数为48名,差得很多。我很赞成哈佛大学的这种严谨的态度,实事求是是要有定力和勇气的。

再讲讲社会服务。我们现在有的大学评价,把大学的服务功能简单地理解为科技成果转化,并据此发布排行榜。有一项公开发布的大学社会服务排行榜,以大学获得的企业科研经费、校企合作论文和技术转让收入为排行依据,排在前面的自然都是理工类院校,前十名中没有北京大学、复旦大学、南京大学和中国人民大学,因为这些大学的上述三项指标都比不过顶尖的理工科院校。但是社会服务只是科技成果转化和技术服务吗?显然不是,那些师范类、艺术类、财经类、语言类院校的社会服务作用一定小于理工类院校吗?不能这么看,也不能这么评价大学的社会服务功能。

第七个问题:如何看待特色性评价?大学特色性评价现在做得很活跃,也越来越多,这是一件有意义的事情,应加以鼓励。比如我们现在看到的毕业生就业水平评价、大学办学成本效益评价、大学国际化水平评价等等,都很有特色。还有大学国际竞争力评价,大学社区服务贡献评价,都很有意义。但是坦率地讲,有些特色性评价容易误导。比如说大学毕业生薪酬水平评价,哪些大学的毕业生薪酬高,哪些大学的毕业生薪酬低,等等。如果这样的评价长期做下去的话,我认为会引导考生"一切向钱看",会引导考生过于追求大学教育的外在的和功利的价值,忽视考生自身的兴趣、能力与爱好,扭曲大学教育真正的价值,这对国家需求和学生个性发展都是不利的。

好,演讲结束的时间已到,有关大学评价的其他问题,我们有机会再讨论。谢谢大家!

主旨发言

布莱恩·卡斯威尔

澳大利亚教育家
国际著名作家

 重构教育评价体系

全球教育模式的"思维革命"

大家好。今天我很高兴能在这里与大家分享、讨论全球教育的发展趋势及其需要改变的原因。

今天的学龄前儿童将在2038年左右进入劳动力市场。在瞬息万变的世界里,我们如何确定他们已经为迎接未知世界做好准备了呢?请你想象一下,到了那时世界将会是什么样子的,或是生活会有什么不同。但能肯定的是,我们的孩子在信息大爆炸的环境下所需要的教育,将与我们成长时所受的教育大不相同。

在谷歌和百度的时代,只要点击一下,就能轻易得到各种事实和观点。我们被褒奖不再是因为能记住信息,而是能利用信息。我们有创意、能协作、能沟通和有信心吗?我们是否具有批判性思考能力?我们具有适应能力和坚韧性吗?这是一个重要的问题。因为我们正处于信息的海洋中,我们可以学会驾驭这进步的浪潮,在风浪中以前所未有的速度前进。抑或是忽视它,试图生活在过去,那我们终将被淹没。

对于21世纪的公民来说,教育不再关乎我们知道了什么,而是关乎我们是如何学习的。这是一个掌握多样化学习工具的过程,是思维的拓

展，是一种反向学习和重新学习。如果情况有变，甚至需要"思维重启"，重新认知。

20年前，我们迈杰思（Mind Champs）开始探究什么样的教育能帮助孩子们做好准备，能让他们在未来瞬息万变、信息饱和的世界里成为成功的公民。我们借鉴了来自教育学、心理学、神经科学和戏剧四个领域的全球专家的专业知识。我们需要了解大脑各个方面的发展，这样才能让大脑更充分地参与学习和成长的过程。

如今，迈杰思独特的学前教育模式在国际上取得成效。我和詹富安先生合著了《三位一体的思维革命》一书，该书概括了迈杰思的教育哲学。书中阐述了突破性的"三大思维"哲学。我们将在稍后对"三大思维"进行讨论。重要的是，这一全新的学习方式需要符合时代的需求，与时俱进。

我们可以把现代普及教育制度的发展看成思维革命的逐步展开。普及教育，或更确切地说，大多数儿童的教育始于19世纪，是以应对工业革命所带来的巨大变化而开始推广的。那是工厂的时代，大量人口从农村迁移到城市。但工业市场需要更多受过教育的劳动者。19世纪的工作环境需要的是能在工厂和办公室里工作的人。孩子的教育只着重于帮助他们如何在企业里更有效率地工作，并创造更多的利润。这是一种建立在掌握内容基础上的教育，并通过记忆和常规心理来进行的教育。

如果说19世纪是工厂的时代，那么20世纪就是机器的时代，后又被称为电脑的时代。当每个家庭都有电脑时，我们意识到花费时间和精力储存在脑子里的东西，现在都可以储存在电脑上了，只要按一下按钮，任何

人都能轻易得到材料。这大大地改变了我们与信息的关系,因为这意味着现在我脑袋里的东西几乎没有价值了。我能用信息做什么,而这就是思维课程的起源。富有前瞻性的教育工作者们意识到,在信息化时代,我们需要更多的技能,而不仅仅靠记忆。在这个人人都能轻易获得信息的世界里,我们需要的是能够思考、综合,并能将事物联系在一起,有全新思维的人。

21世纪,《脑海无垠》一书称之为"心灵的世界"。随着知识爆炸、虚拟现实及扩增实境、无限云存、闪电般快速的搜索引擎、人工智能及自动化技术等迅速发展,国际象棋大师们再也无法与先进的象棋电脑对弈竞争。20世纪的技术与学习方式,甚至是思考课程,已经不够了。

在人工智能已经超越我们的世界里,我们需要什么样的教育呢?今天和明天,成功的公民将是能创造、协作、拥有批判性思考能力、能沟通和解决问题的人才。他们擅长学习、反向学习和再学习。他们将拥有终身学习者的心态,并能在全球这个复杂和不断变化的环境下生存。

为了培养这种全面发展的人才,我们创立了全面的"三大思维"哲学。"三大思维"由冠军思维、学习思维和创意思维三部分组成。它们是共同平等的"三位一体",其元素可结合在一起,并创造出在任何情况下都能取得成功的思维和技能。

冠军思维这一概念是依据神经科学家艾伦·斯奈德(Allan Snyder)教授的开创性研究而提出的。艾伦·斯奈德教授是马克尼国际奖得主。他研究各领域(如政治、科学、体育、艺术、商业及公共服务等)的杰出成就者,揭示了冠军思维的三个要素。

主旨发言

根据艾伦·斯奈德教授的研究，所有的杰出人士共同拥有三个能让他们脱颖而出的特质，而这些特质虽然简单却也很深奥，包括：不甘于平庸；勇于挑战常规；有能力走出逆境，而更重要的是，从中吸取教训。他表明这些冠军属性是可以学习和教导的。冠军思维的概念是如此重要，我们迈杰思甚至创造了一个独特的教育哲学：百分百尊重且绝无畏惧。

我们培养幼儿发现和接受他们与生俱来的长处，让他们庆贺自己的独特性，并学习将挫败当成未来成功的基础，并让他们知道学会反馈是帮助自己成长的重要种子。如果冠军思维是三大思维模式的基础，那么我们对学习思维的研究则孕育了我们独特的综合学习方法。艾伦·斯奈德的另一个研究领域，即关于概念的形成，则推动了迈杰思三大思维模式的发展。约翰·斯韦勒（John Sweller）等研究员之前的研究确立了认知负荷的理论。这表明，尽管人类的大脑存储信息的能力是无限的，但其弱点在于微小的工作记忆。

任何人，无论是天才或学龄前儿童，在工作记忆中能操作的容量是有限的。几乎毫无例外，人类能够同时记住和操控5至9个元素。想象你的短暂工作记忆是一个凹槽。我们将弹珠一个个放进凹槽里，直到把它全部装满。这些元素的数量可以是电话号码或密码。它们能暂时保存在那里，但是除非我们让元素变得有意义并把它们存储在长期记忆中，否则它们是非常不稳定的。那如果我们添加另一个弹珠会怎么样？没错，其中一个弹珠掉下来了，甚至不止一个。当然，这只是一个简化的解释。约翰·斯韦勒和他的团队确定了导致认知超负荷的三个因素。简而言之，这将延伸出一个非常有趣的问题：我们工作记忆的容量如此之小，那么我们是如何做

 重构教育评价体系

到同时处理不同事情的呢？答案在于我们如何形成概念。

艾伦·斯奈德教授的研究显示，我们天生存储和识别模式的能力让我们能将单个元素连接成概念，然后将这些概念连接成叙事链或元概念。随着时间的推移，这些叙事链能变得更复杂。例如有人刚告诉你他的电话号码，但你没有纸笔记录下来。当你在寻找笔和纸时，你会在脑海里重复着这个号码。一个（工作）电话号码大约有8个数字，大概就是你工作记忆的负荷极限。你边走边重复着43623468……43623468，试图将号码保存在你的工作记忆里。这时，你的孩子进来问道："爸爸，奶奶的生日是什么日期？"你回答："6月26日。"……然后，号码就消失了。你的工作记忆已经超载了，号码被淘汰了，你将永远无法记起它，因为它没被存储在记忆里。

学习型大脑的一个奇迹是，概念存储在几乎是无限的长期记忆里，所以不会让有限的工作记忆超载。艾伦·斯奈德教授的研究显示，一旦概念形成，组成的个体元素就会被意识所抑制，因此不会影响短暂记忆。现在，短暂记忆更像是一个搜索引擎，几乎能瞬间从记忆中提取关键信息，并将它与其他概念结合，形成新的想法。

以下是认知负荷限制的另一个例子。这道题目给你大约二三秒的时间，你应该能算得出来，这很简单。我们将这些数字加在一起，答案是58。现在，每个人都能做到，因为你能看到的是4个数字和1个加号，共5个元素。我们能在工作记忆里保存这5个元素，并解题。我们从小就学会了加法，并将这一过程储存于我们的大脑中，所以一旦看到了加号，我们就能算得出答案。

主旨发言

　　接下来，我将展示一个更难的题目。这道题如给你3秒或4秒的时间来解答，那应该是不可能了。不可能解题的原因是，如果我们查看题目负载的总和：第一行有8个数字，第二行有8个数字，第三行也有8个数字，共24个数字再加上加号，也就是25个元素的负载。这大约是我们工作记忆容量的2到3倍。所以无论我们的数学有多好，就算你是数学教授，也不能把这些数字瞬间记在脑海里。但现在，我将向你展示认知负荷大于25的东西。它共有26个元素，你绝对能迅速地记忆它。如果我给你看这东西，然后把它拿走，并要求你写出所看到的，任何懂英语的人都能做到。原因是，你能认出这是英文字母。字母表是一个概念。我们把字母表里的26个字母以一种我们能识别并记住的模式来学习。这是一个储存在我们长期记忆里的概念。我们是如何学习这个概念的呢？我们通过歌谣学习，而每个学习英文字母表的孩子都以同样的方式学习这首歌。这首歌的旋律、节奏、模式和参与感都能帮助孩子首先将这26个字母分成4组。有了旋律、节奏及乐趣，这一切结合在一起，便帮助孩子创造了字母表的概念。最终，这4组会成为一个概念，然后我们就用字母表做任何想要做的事情，例如按字母表顺序排列。但我们必须掌握这个概念，才能做到这一点。一旦掌握了概念，你就能终生牢记。

　　我们对概念形成的重要性和机制，以及对概念的叙事性质的理解，使我们能够制定许多学习策略。其中包括使我们成功的"最优流程学习法"，它能帮助儿童将复杂的数据和信息组合成对大脑有利的"流程"，使概念更易于识别和存储。当然，为了有效形成概念，我们必须确保大脑所有部分都建立了正确的神经连接，而幼儿时期是最有效建立这些连接的时

期。这就是我们为学龄前儿童开发最为独特的SMILES课程的原因。

现在,我们将开发具有平衡性和接受力的思维所需的六个关键元素隔离出来:感官、运动技能、智力、语言、情绪和社交。通过设计整合所有相关元素,我们创建了"SMILES"活动。它能更好地发展神经网络,支持整个大脑的健康成长及发展。我们使用播放迈杰思音乐等策略,来促进多元识读,并为拓展孩子们未来的学习思维做好准备。

为了应对时代的变化,我们需要超越我们所有认知。而为了能有效做到这一点,未来的成功人士将需要具备创意性思维。创造力不是过去教育体系所强调的,但它被证明是人类向前迈进的关键,因此我们花了大量时间来研究开发年轻人创造力的最佳方法,同时特别注意如何避免扼杀他们的创造力。许多教育者把想象力和创造力混为一谈。每个人都有想象力。它是大脑理解世界的一个功能,但是想象力本身并不是创造力。当我们的大脑受到刺激时,它会自动与已储存在记忆里的模式进行比较和对比。是这样的,还是那样的?我们正在做的是,建立一个参考点,帮助我们分类经验,并处理它。当我们要求孩子想象某事时,这件事是他们会做的事。创造力则是具有前瞻性的。它有个最终结果,创造新事物或解决一个问题。我们可以有很多想法,但却没有取得任何成果。这是因为,想象力虽然是创造的原动力,但它本身并不是创造力。因为拥有创意艺术的背景,我们了解其中的差异,即对结构的需要。缺乏结构的想象力是混乱的。但我们也知道,过多的结构会扼杀创造力,也就是说,有太多结构的想象力会变得枯燥乏味。我们一开始没意识到的是,我们现在的思维对抑制创意的重要性。艾伦·斯奈德教授的一项突破性实验揭示了创造力需要克服思维定式这一事实,并被全球各新闻媒体报道。这就是被称为"思考帽"的实验。

艾伦·斯奈德发现,自闭学者的大脑都有异常的活动特征,他们在左颞叶也有功能障碍。艾伦·斯奈德相信左颞叶区域与既定概念有关,而右颞叶区域与新概念的形成有关,也因此会出现过度补偿。他想要找出我们内在的学者专才,于是就有了"创意帽"的构想,一个能模仿学者大脑活动模式的装置。

想象有一台装置,它能让我们解决别人可能遇到的困难。我们将向你展示几个由火柴组成的罗马数字方程式,这些方程式都不正确,你必须移动其中一根火柴,更正方程式。是的,一加三等于四。就是这样,这是正确答案。

卡尔(Carl)发现了一种规律。只要把罗马数字 X(即 10)更改为 V(即 5),他就能更正方程式。应用相同的规律,他解决了更多的题目。但当他遇到不同类型的方程式,再不能用 10 改为 5 来纠正公式时,卡尔就不知所措了。

不晓得。 好的。

现在,艾伦·斯奈德准备激发他的灵感。这帽子将一小股正电流发送至卡尔大脑右侧,并将一小股负电流发送至卡尔大脑左侧,这项技术被称为经颅直流电刺激(TDCS)。它的设计源于模拟学者的大脑活动规律。

好,你现在感觉如何?

啊,有点发麻的感觉。

经过经颅直流电刺激后,卡尔再次尝试更正由火柴组成的罗马数字方

程式。

非常好，恭喜你。

这是个思维固化的例子，我们会自然地透过已知的框架来看待世界，所看到的都经过了过滤筛选，并不包括所有细节。但是，卡尔经过经颅直流电刺激后，却能看到解决方法。

艾伦·斯奈德的"创意帽"暂时改变了卡尔大脑的运作方式，似乎给了他学者般的能力。

我想象有一天当大家拥有"创意帽"时，我们就能摆脱原有思维，重新审视这个世界。

正如我们所见，全球教育模式的演变已从19世纪注重内容的教育模式转变至20世纪的思维课程模式。迈杰思在20年前，就已开始准备构建面向21世纪的教育体系。我们的研究表明，这个教育体系必须超越单纯的内容和思维，发展成一个"三位一体"的思维模式。冠军思维、学习思维、创意思维，迈杰思的"三位一体"教育变革是在变幻莫测的世界里具有突破性的学习方法的变革，它是今天SMILES课程和未来中小学综合课程的根源。

很荣幸能与您一同参与这个论坛。我期待着与中国教育界的精英们合作，共同为下一代做出贡献。

主旨发言

朱永新

中国教育三十人论坛成员

民进中央副主席

全国政协常委、副秘书长

新教育实验发起人

 重构教育评价体系

"学分银行"制度与未来教育评价

关于评价的问题，的确左右着我们整个的教育。整个的中小学教育，甚至于我们的高等教育都被评价绑架着。怎样去改进评价，全世界的人都在做努力。

两个星期以前，我跟美国的一个校长 Larry Rosenstock 做了一个对话。他告诉我，在他们的学校就没有通常的考试，但是没办法，必须参加州里的统一评价。他们的学校（High Tech High）在美国共有13家连锁学校。在这些"特许学校"里，70%的时间没有我们现在的课堂教学活动，完全是采用项目制学习来进行的。所以本来他们的学校完全可以按照他们的理想去做项目制学习（PBL）的教育，但是它们还有30%的时间用来进行知识的传授，他说我必须应对州里的评价。所以在美国也逃脱不了评价。

最近有两件事情我特别关心。第一件事情就是刚刚开了一个全美国的招生官会议，做出了一项决定，从2019年开始，美国的大学不再用美国的高考分数。当然它不是强制性的，但是绝大部分大学同意不再用美国的高考分数来衡量学生了。中国还在进行高考改革，美国连高考分数都不要了。

第二件事情，美国一家很著名的公司要求，凡是要申请成为他们公司职员的，不允许提交学历证明。

我觉得这两件事情都给我们一个很大的启示，是不是在酝酿着一场全球的教育评价的变革运动，也就是说文凭在什么情况下有用。文凭是在一个社会没有更好的办法鉴别优秀人才的时候，它会贴一个人才的标签，你是"985"高校的，你是"211"高校的，你是美国名校的。但是很多情况下看人的时候，文凭远远不能够准确衡量。同样是北京大学的学生，差距老大了。刚才马国川老师讲，马云是杭州师范学院毕业的，你用文凭贴标签，马云恐怕永远不可能成为优秀人才。你用分数来贴标签，同样的分数含金量也是不一样的。同时考数学98分，其实他们的数学能力可能是不一样的。因为数学能力有很多种，不同的能力有不同的价值标准，所以到底怎样评价，的确是需要我们认真思考的。

我最近正在写一本关于未来学校的书。现在教育的问题盘根错节，如果不动大手术，不做根本性的变革，恐怕无济于事。评价也是如此。所以我就提出了一个"学分银行"的概念。

当然我们国家现在的评价问题很多。最主要的问题是，评价主要是教育行政部门来做的。行政部门又当运动员又当裁判员，评价的主体不明确，评价主体单一、模式单一、理论陈旧、技术落后。主要是"应试化"，学校教育一切围绕着考试来进行，什么都要考，方法要考，能力要考，素质也要考，你考的就强化，不考的就弱化，甚至就不教。所以学校的应试化是一个很大的问题，所以有人说："分分分，学校的老命根；考考考，学校的好法宝。"

达标考试变成了选拔考试。我们知道考试有两种形式：一种是目标参照性的考试，它主要是看你是不是达标；还有一种叫流程教学考试，它主要是选拔最优秀的人。现在学校教育有一个很大的误区，尤其在中小学，就是把达标性的考试变成了选拔性的考试。这样一来，造成了整个社会的恐慌，这是一个很大的问题。

选拔性考试一考终身化。它不给你更多的机会，你只有一次机会。现在的高考慢慢开始柔性，有些学科可以考两次、三次、多次，但是总体上来说是一次性的。而且我们知道各种各样的教育阶段的考试是没有立交桥的，所以学生必须要全力以赴。我们的考试评价非常单一，没有更多元的参与。

我想重点说一下未来的评价怎么做。我提出一个"学分银行"的概念。什么叫"学分银行"呢？通过现在的银行是什么样子，大家大致就可以猜出未来的考试评价是用什么样的方式来进行的。

"学分银行"是面向未来学习中心的一种管理机构、授证机构、学习成果认证机构和组织体系，以及相应机构与组织体系赖以存在和运营的一整套标准、规范、规则和规定的综合系统。其实很简单的，"学分银行"将学分作为度量学习成果的单位。

我们通过为各种成果赋予不同的学分，在学习不同内容的过程中，在不同的学习阶段，你的学生都可以被赋予一定的分值，从而建立一个流通性的工具，将学分加以储存或者是兑换。

它是借鉴银行的机理、功能和特点来设计的，所以它是一个从中央银行到地方银行到储蓄所到个人账户的体系。最基础的就是你的个人账户，所以未来的所有的孩子从生下来开始就用身份证号建一个他自己的个人账户，他所有的学习过程，都可以在上面原生态地被记录。这样一来，以后也没有必要一定从7岁或是8岁开始入学。其实人生下来就已经开始学习了，甚至人在母亲肚子里就已经开始通过母体去感受外部的世界了。所以一个人的学习记录应该是从摇篮到坟墓的全生态的过程，未来的学习一定是终身学习，每个人有一个终身的账户。开户以后，他所有的学习过程、所有的身份认证都在上面了。

新东方教育科技（集团）有限公司是一个补习机构，它也是一个学分储蓄所，你到这里学英语，我也可以进去。我们的学校也是一个学分储蓄所，也可以进去。未来所有的教育资源提供者都具备储蓄所的功能，我提出"未来学习中心"的概念，就是未来所有的教育资源提供方都是不同的学习中心，也就打破了现在学校教育一统天下的格局。

一个人可以在不同的学习中心学习，这样所有的教育机构都是学分储蓄所。当然从数据处理上来说，我们还设计了一套地方"学分银行"的体系。地方"学分银行"可以省为单位，设立一个地区性的管理机构。从中央的角度看，还应该有一个中央"学分银行"，中央"学分银行"必须对整个"学分银行"进行管理，比如说要对各种各样的学分储蓄所的资质进行认定。你乱发证书不行，乱给分数不行，我中央"学分银行"就是这样的监督管理部门。当然很多具体的业务，可以委托地方"学分银行"进行监管。这样的一套管理体系，可以保证整个"学分银行"完整地运转。

那么为什么需要这样一个"学分银行"呢？首先，它是时代发展的需要。十九大提出，现在整个社会的基本矛盾，是人民群众对美好生活的向

 重构教育评价体系

往和我们整个教育的不均衡不充分之间的矛盾。解决这个矛盾,"学分银行"是一个非常好的推进器,它可以在很大程度上解决现在教育上的不均衡和不公平的问题。

其次,它可以解决当下的教育问题。我觉得当下的教育存在五个大的问题,通过"学分银行"都可以得到比较好的解决。1.各个教育阶段之间存在鸿沟;2.学历教育和非学历教育之间存在鸿沟;3.公办学校和民办学校之间存在鸿沟;4.国内和国外的教育资源之间存在鸿沟;5.知识学习和能力培养之间存在鸿沟。我想通过"学分银行"这样一个体系,这些鸿沟都可以有效填平。

现在不同的教育阶段之间有着明显的鸿沟,有着很清晰的时间界定。未来就没有了,你一个人可以同时修小学的课程、中学的课程,甚至于大学的课程。现在一个很大的问题,就是我们把所有的人按照年龄来划分,按年龄来划分是假设所有的人都具有同样的知识和能力、智慧,具有同样的发展水平,其实完全不是。而且同一个年龄段的人在不同的领域发展的可能性也是不完全一样的。

我的小孙子才5岁,他现在对宇宙飞船非常感兴趣,对火箭非常感兴趣。火箭、宇宙飞船的知识,他比我丰富得多。他现在通过各种各样的途径在学习这方面的知识,他获得的这些知识就可以传到"学分银行"他的个人账户上去。等到他上中学后,学校再教这个的时候,他已经学会了,没必要再学了。允许一个人在不同的阶段学习他所需要的东西,这样就消除了教育阶段之间的鸿沟。

学历教育和非学历教育之间也是有着一道鸿沟的,彼此之间很难进行

流通。

公办学校和民办学校也是如此。我们的社会教育机构和学校教育机构之间没有一个桥梁。现在很多培训机构面临着一个很大的转型问题。我跟很多培训机构的领导人讲，我说未来就没有培训机构了。为什么没有培训机构了呢？就是所有的都是教育资源提供方，所有的都是学习中心，允许学生去选择我在哪里学习。现在的学生很苦，我在学校里学了外语，放了学到好未来、学而思再去学数学。未来就不存在这个问题。学校教育也可以给你提供基本的公共服务，学校教育可以全免费，你就可以选择在哪里进行学习，公办和民办的鸿沟就可以消除了。现在的名校，未来就不要这个学校了，未来就是选择什么课程。

我有一个学生在苏州一所公办学校当教师，因为校外有偿补课问题，教育行政部门要求他辞职。现在国家规定，要么好好做教师，要么去补习机构。他选择去了补习机构，他在一个网站开课招了1 000多个学生，收入比在学校里高得多。他的课程我们能不能认证呢？我想未来是可以的。我们通过地方"学分银行"或者是中央"学分银行"来对他提供的教育资源进行认证，那么多人去选择本身就是一种认证。人家用人民币来选择，总有它一定的合理性。

未来公办和民办是打通的，国内和国外也是打通的。现在国内和国外的资源还没有打通。我经常跟中国的很多民办大学的校长讲，我说我们花那么多的精力去引进教师开设课程，其实国际上的大学的优秀课程已经很多了，有上千门的课程，那些资源非常好，为什么我们不能用呢？现在我们国家的学生选修国际知名大学课程的比例，甚至比印度、巴基斯坦这些

国家的都还小。这种资源没有进行整合，我一直说要建立一个国家的教育资源平台，把全世界最好的教育资源都放在国家的教育资源平台上。

像哈佛大学、耶鲁大学、麻省理工学院的选修课程都是免费的，但是拿学分要交费。未来我们可以通过汉化以后认证，国内的机构也可以跟它们合作，为中国的学生提供更多的优秀课程资源选择。

现在我们整个的学校教育系统更多地注重知识体系的建构，未来可能对能力测评、职业推荐这些方面进一步加强。我们正在研发面向未来的课程体系，大家都知道我们新教育实验室18年来一直在努力构建一套面向未来的学习体系，就是学生到底应该学什么，我们学这些内容、学那些内容，要不要认真研究、科学论证。

前两年国际上有一个很著名的机构叫"国际教育创新工会"，他们曾经对世界教育家做过一次非常有趣的调查。调查以后发现，那些教育家认为现在的学校教育保留17%就够了，还有83%的内容都是可以不用教的。当然这个数据可能在中国是行不通的。但是它给我们一个很大的启示，就是教育内容一定要变革，变革到以个人建构的知识体系为主体，也就是把学习的主动权还给学生。

我们中国教育三十人论坛刚刚在深圳召开了一个世界教育前沿峰会，主题是研究"学习科学"的问题。我在会上说，我们要研究学习科学，研究认知神经科学、大脑科学，提高学习效率。刚刚澳大利亚的学者也从这个角度阐述了他的一些发现，毫无疑问，提高学习效率通过"学习科学"是可以解决的。但是学习什么一定程度上比怎么学可能更加重要。我们新教育研发了一门生命教育的课程，还有什么比生命更重要的呢？要拓展学生生命的长度，所以安全知识、健康知识就很重要；要让学生的生命更有宽度，要让他们成为受欢迎的人，养成教育与交往习惯就很重要；要让一个学生过精神生活，他的价值观和信仰就很重要。这些东西在我们的教育中是缺失的，我们的体系本身该加的要加，该减的要减。所以怎样构建未来的新的课程体系，我觉得是需要研究的。

未来的"学分银行"有助于推动这样的变革。"学分银行"可以通过"学银在线"的方式进行运转。"学银在线"是全新的、开放的、多元的，基于互联网的一个一个的学习中心，都加盟在"学银在线"的体系里。它是终身学习、着眼未来学习的一种新型的模式。我们希望以后"学分银行"谁来管理呢，应该有一个国家的机构，当然也可能是民间和政府一起合作的机构，也可能是新型的民间机构来运营这样的一个"学银在线"。我们和国家开放大学、超星就"学银在线"的模式进行了尝试。一个人从注册到选修课程到学习，到学术程度的积累、转换，到最后的证书，通过"学银在线"是完全可以实现的。

当然首先要为每个人建立一个终身学习的档案，一人一号，终身记录所有的学习的原生态。包括学过钢琴，你可以弹一首曲子，在不同的练习阶段都可以把它放到你的账号上去。用人单位需要了解你的时候，你可以提供你的账号，当然你也可以选择它所特殊需要的，因为可能到时候你的账号内容会非常非常丰富，丰富到用人单位没法看，你可以根据它的需要来选择它所需要的东西提供给它。所以个人账号毫无疑问是非常重要的终身学习的档案。

保证整个学习过程的顺利进行。我们知道网络学习很重要，今后的学习一定是线上和线下学习的结合体。我前两年曾经考察过美国斯坦福的在线高中（On Line High School），这个高中所有的学习过程都是在网络上进行的。斯坦福的网络高中在全美都非常有影响力。我见到当地的一个非常优秀的专家，他的孩子最大的梦想就是要考取这个斯坦福网络高中。网络高中现在的学生是全球性的，未来我们能不能实现网络学校？也就是说允许不允许我们中国的网络教育机构给你发小学文凭、中学文凭甚至大学文凭，我相信在未来应该是有可能的。

我们担心的很多问题，包括学生的团队精神的培养、学生的道德品质的培养，网络学习都可以解决。有没有可能完全通过网络来学习，包括在家学习，未来怎样去保证它整个的运营，其实通过"学银在线"也是可以解决的。当然比较难的问题就是认证，这个认证是一个很庞大的体系。其实我觉得也不难。为什么？因为现在已经获得我们认证的各种教育机构的终端都可以平移过来，直接进入。我们现在所有的小学、所有的中学、所有的大学、所有的经过有关部门批准认证的培训机构都可以直接进来，就像淘宝一样，学习的过程在它上面，学习完以后的认证进入到他的个人账户，在他的学分储蓄所都有原始记录。从操作上看，这应该是可以解决的。

当然未来可能会有一个学分兑换的体系，学分怎么兑换，都可以研究。如果要硬给一个人分数的话，我们觉得学分兑换也是可以实现的。从国家的层面来说，它肯定会有一个关于学分兑换研究的或者是认证的一套体系，由课程专家体系、有学分认证资格的专家体系去推动。当然为了让学习生活更丰富、更有趣，还可以设立很多奖励的机制、激励的机制，比如积分排名等等，让学习变得更有挑战性。

所以对"学银在线"来说，未来它有点像教育的淘宝，有点像教育的银行，它可能会成为一个人人可以学习、处处能够学习、时时可以学习的未来学习中心。这样一个学习中心对于整个教育体系的重构具有非常重要的意义。这么多年来我们在教育上投入了那么多，教育技术的突破也那么多，但是为什么没有很大的变革？一个很重要的原因就是没有结构性的变化。这个结构性的变化，将会给我们整个教育带来发展的春天。

就像淘宝、支付宝，未来是不是会出现一个新型的中国的"教育宝"呢？我相信是有可能的。我们也期待这一天，它会彻底颠覆和改变我们现有的传统的评价模式。

谢谢大家！

 重构教育评价体系

严文蕃

中国教育三十人论坛成员
美国马萨诸塞大学波士顿分校终身教授、教育领导学系主任

多元化评价：中美比较的视角

多元化评价主要是针对教育部办公厅关于开展清理"唯论文、唯帽子、唯职称、唯学历、唯奖项"专项行动中提到的"五唯"[1]展开的，这种单一化评价的问题现在已经非常明显了，所以，我们现在要强调多元化评价。之所以选择中美比较的视角，因为比较也是一种评价。比较分两种：一种是诊断性评价，按照一些指标找出两者的优劣，比如中国教育好还是美国教育好，中国教育强还是美国教育强；另一种是发展性评价，发现各自的特点，互相取长补短。我们选择的是后者。

一、评价的三个相关概念

首先，我们需要明确一些和评价有关的基本概念，作为比较的前提。在很多情况下，中国讲的评价概念和美国讲的评价概念不同。在英语里与教育评价相关的三个概念是：Testing，Assessment and Evaluation。Testing，就是我们所说的考核和考试；另外一个Assessment，就是我们讲的各种能力的测评。美国有三个权威的教育组织，分别是美国教育研究会（AERA）、美国心理学会（APA）、美国教育测量全国理事会（NCME），它们联合制定了《教育与心理测试标准》,每过一段时间就更新一版。这三个组织将Testing界定为:通过一种系统的方法,获取有关人或项目的样本信息,从而推断出学生的知识、特征或倾向。(American Educational Research Association [AERA], American Psychological Association [APA], & National Council on Measurement in Education [NCME], 1985, 1999, 2014)[2] 评价(Evaluation)更多的是对于教育干预效果的测定,小到教师课堂上使用的教学策略,比如针对学业落后学生的各种补救措施;大到整个国家的教育政策,比如《每一个学生都成功法案》(Every Student Succeeds Act),对每个教育政策和干预措施的效果,都进行了及时的评价。

中国教育三十人论坛第五届年会所涉及的三个话题是在一个大的评价范畴里,但分属于不同的概念。"新高考得与失"主要关心学生的学业成绩,属于Testing的范畴;"教育创新评价"关注学生的综合能力测评,属于Assessment的范畴;"大学排行榜科学吗"关注大学教育质量,属于Evaluation的范畴。

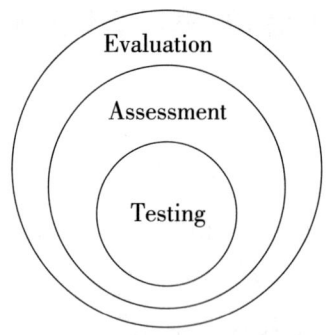

图1 考试、测评和评价关系图

总结一下,三个概念之间是相互联系的,一环套一环,如图1所示。如果要做评价,缺不了考试这个工具收集证据,测评是各项考试的综合,整合多方面的证据才能支持有效的评价。所以，一个完整的教育评价过程包括考试、测评和评价三个阶段。

评价最大的优势在于对教育走过的任何一步，从小到大，都可以搜集材料、特征和结果，以这些资料作为证据来做判断的过程就是评价。评价有三个基本要素，分别是判断、标准、利益相关者。不管考试也好，测评也好，都要对搜集的数据和结果做出判断，给出结论，不论好坏、高低、合格与否。那么依据什么做出判断就很重要，所以需要评价标准，这就牵扯价值观的问题，评价的很多争议就是因为价值观不同。另外，任何评价都有相关联的人，即利益相关者。为什么教育评价争议那么多？因为相关的利益群体太多了，个体差异很大，时间和资源有限，很难同时满足各方的利益诉求。教育评价必须明确利益相关者，评价到底为谁说话。

在美国，目前教育工作关心3个"C"。一个是上大学（College）的问题，一个是工作（Career）的问题，第三个就是公民（Civic）的问题，评价也是为这3个"C"服务的。

讲到考试，美国人对中国人佩服得很。20世纪80年代我到美国读博士，上评价和测量课时，老师开门见山就讲中国考试历史。中国1300多年前就用科举制度选拔人才，科举就是考试，朝代更迭，这种考试制度一直没改变过。直到1905年，科举制才被废止了。最有意思的是，正是中国摒弃科举考试的时候，外国人刚刚开始尝试用考试选拔人才，并且不断发展，越用越好。1923年，美国第一个斯坦福成就测验（Stanford Achievement Test）发表，更早的教材《心理与社会测量学导论》（桑代克，1904）则成了现代教育测量史上的一个里程碑。

美国考试走过的路跟中国也不同。美国在20世纪30年代开始SAT，50年代开始做区一级的标准化考试，70年代时开始做州一级的标准化考试，80年代扩大到全国考试，90年代后开始做国际考核。总之，SAT到现在80多年，形式和内容基本上没有改变过，就是又加入了一些写作（Essay）的题目。考试的趋势是范围越来越大。中国走的路跟它有点相反。中国的起点是国家统一考试，然后逐渐放权到省和市。当然二者教育背景不同，没有好坏之分，都是为了更好地完善考试制度，为学生的发展服务。

在教育评价的功能方面，就美国而言，当前问责是其主要功能。举个例子，美国最大的教育法案——《不让一个孩子掉队》（No Child Left Behind，简称NCLB），就是以考试结果作为问责的依据。美国没有办法做到全国统考，尽管也很想像中国一样有一个全国统考。美国也有一个全国性的统一考试，即"全国教育进步测试"（National Assessment of Educational Progress），简称NAEP，用以检测和对比各州的教育质量。但这个测试是抽样进行，不是每个孩子都参加。根据NCLB法律要求，各州层面开发了州的统一考试，所有学生都要参加。以马萨诸塞州为例就是"马萨诸塞州综合评估系统"（Massachusetts Comprehensive Assessment System），简称MCAS。根据它们的测评结果，马萨诸塞州地区的学校被列为五个"问责和援助"级别。1级学校表现最好；2级为合格；3级和4级的学校可获得额外支持，有改进的机会；5级学校被认定为"长期表现不佳"，这些学校将由马萨诸塞州基础教育部接管。

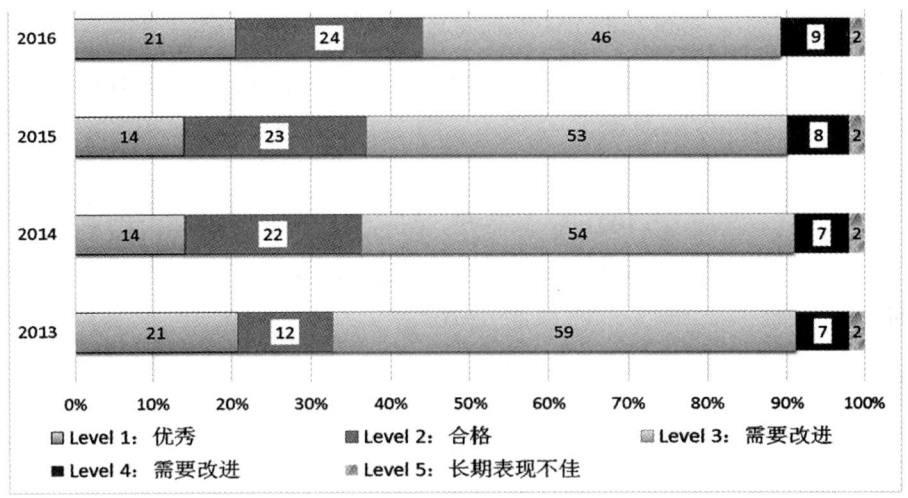

图2　波士顿公立学校NCLB问责结果统计（2013—2016）[3]

从图2可以看到，实行问责制度后，1级和2级的学校，即合格学校的数量是逐年增加的，3级和4级需要改进的学校逐渐减少，可见通过问责可在一定程度上提高教育质量。同时，这种评价也是实现教育公平的重要手段。原来考核不合格的学校多是弱势学生群体集中的学校，通过考核问责，这些学校被迫提高了学生的学业成绩和教育质量。

关于提升学生的学业成绩，实际上中国有很多经验。中国最传统的教育就是直接教学法，又称"掌握学习"法。研究表明，直接教学法对于提升考试成绩非常有效[4]。2012年上海学生在PISA测评中再次取得第一名之后，英国人来上海学习，把中国的这套教学模式，总结为"掌握学习模式"，请中国的教师到英国去教学。我们一些好的适应考试的东西是值得重视的。

接下来再以考试为例,来看看中国和美国的差异。我们以一张示意图,把中美学生考试在评价中的权重按学习阶段(幼儿园、小学、初中、高中、大学、硕士、博士,依次用字母K、E、M、H、U、P、D来表示)做了一个函数分布图。

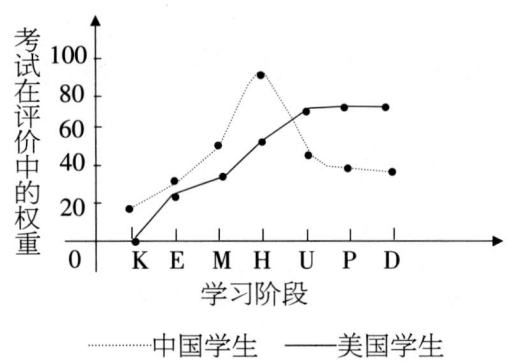

········中国学生　——美国学生

图3　中美学生考试在评价中的权重对比示意图

如图3所示,看中国学生的这条曲线,经过各级考试、考核,逐年加码,到了高中达到顶峰,但大学后却降下来,随后呈现缓慢下降的趋势。反观美国学生的曲线,在高中之前这条线一直是比中国低的,高中到大学之间这两条线出现了剪刀差。

通过这个简单的模式表达就可以理解,为什么中国高等教育大家不满意。其中,考试没有严格执行或者效果没有充分发挥是原因之一。而美国学生的曲线,基本上一直是往上走的,直到博士生阶段,体现了考评要符合人的发展规律。这条线逐渐往上走,说明随着年龄逐渐增长,对考试的要求、对责任心的要求也应该逐渐提高。

二、科学化的教育评价设计

下面我们对中美在评价方面的研究做一个大概的探索性比较。我们选择了8种中国权威的教育类综合期刊（《教育研究》《高等教育研究》《北京大学教育评论》《清华大学教育研究》《中国高教研究》《教育与经济》《比较教育研究》《电化教育研究》），筛选出近三年有关评价的论文。想通过这些研究论文，看看中国教育评价在评什么，中国人是怎么做教育评价的，重点评价哪些方面。初步研究发现，中国的研究大多数都是做评价理论的探索、理论框架的构建，以及理论引进后怎么运用。美国的评价研究主要解决实际教育问题，从学生层面、教师层面、学校层面一直到国家层面，考察每一个教育政策和干预对学生的实施效果如何，更多的是实证研究。初步看下来，我个人认为《北京大学教育评论》的范式很像美国杂志的风格，还有《教育与经济》中很多研究与美国的政策评价相似。值得引起注意的是，《电化教育研究》做了不少课堂和学生层面干预效果的实证研究。

美国有一个专门为教育评价服务的杂志——《教育评价与政策分析》（Educational Evaluation and Policy Analysis），是美国的教育评价最权威的杂志。如果按照杂志的引用率和影响因子排名，它在教育类杂志中排名第9位。

我们一共选了近三年来的81篇实证论文，来分析美国当前的教育评价。

根据这些文章，我想阐述与教育评价科学化有关的三个问题：第一是

评价的核心问题，到底是重质量，还是重公平？第二是评价的两个主要功能：问责和改进；第三是评价的科学方法。

（一）评什么：质量与公平

美国的教育评价更重视干预的结果。我们有一个很生动的类比：不在意鸟妈妈给小鸟吃了多少虫，最关键的是看最后这只小鸟什么时候飞起来、飞多高。评价就是要看最后学生能做什么，他的能力到底能达到什么水平。另外，评价为政策服务，就是为教育公平服务。国家资助的项目，就是要看对教育公平起了多大作用。政策干预就是干预学习机会，特别是对弱势学生群体的效果如何，他们是评价重点关心的对象。他们主要包括：移民学生、西班牙裔学生、黑人学生、英语非母语的学生、特殊教育的学生、来自低收入家庭的学生、学业成就低的学生、女学生等。

根据这81篇论文来看，当前美国教育评价的内容有：NCLB执行效果的深入评价和持续问责[5]、弱势学生群体数学成绩的提升[6][7]、低收入家庭学生大学入学机会[8]、校园突发事件对学生学业成绩的影响[9]等。这些文章也反映了美国教育评价中存在的两个钟摆现象：一个是质量和公平之间的平衡，另一个是知识和能力之间的均衡。

（二）为什么评：问责和改进

美国教育评价有两个主要功能：一个是问责，另一个是改进。我们对81篇论文进行了分析，其中59%的评价研究是关于完善政策和干预措施的，32%的评价研究是关于问责，其他9%的评价研究旨在引起政府关注、加强管理。例如Douglas Lee Lauen和S. Michael Gaddis用NCLB对北卡罗来纳州学生的数学和阅读成绩进行评价，结论之一是NCLB问责最差的学校对成绩较差学生的不利影响最大[10]。Brian Jacob 等学者对 MMC（密歇根优秀课程）的效果进行了问责，这是一个全州范围的大学预科课程，适用于 2011 年及以后的高中毕业班，他们的分析表明，MMC 所包含的较高期望对学生的学习成绩影响不大[11]。

教育评价的问责和改进经常是同时进行的。《每一个学生都成功法案》要求各州找出陷入困境的学校，通过制定以证据为基础的资助政策，将其扭转过来。Beth E. Schueler 等学者评价了马萨诸塞州一个区的公立学校的整体转变。他们研究发现，那些需要改进的学校在数学和阅读方面取得了一定的进展，但没有证据表明这种转变会对高中生的成绩进步产生积极影响。建议在假期进行密集的小团体教学，此举可能会为参与的学生带来特别大的成就感[12]。

（三）怎么评：科学化设计

根据我们选出来的这些文章可以看出，美国教育评价的科学化设计有两个特点：第一，美国所有教育干预都能做到长期跟踪。如果不是长期跟踪，这个所谓的教育效果就不能建立。因为教育具有滞后性，它的效果需要在学生使用这些学习经验时才能显现，所以必须长期跟踪。第二，强调使用实验法。实验法分为随机实验法和准实验法。常用的准实验研究设计有如下几种：标准或目标比较、等组对照、统计控制（前测和后测或只后测）、统计控制—后测控制组设计、其他前测—后测控制组设计、其他后测，以及仅从单个受试者设计中选取对照组的设计。随机实验法将研究对象随机分组，对不同组实施不同的干预，以对照效果的不同。具有能够最大限度地避免实验设计、实施中可能出现的各种偏倚、平衡混杂因素、提高统计学检验的有效性等诸多优点,被公认为是评价干预措施的金标准。例如经济资助被认为是促进大学成功的一种方式,就是尽量减少学生工作的时间。Katharine M. Broton 等学者利用一项随机实验发现,来自威斯康星州低收入家庭的学生获得额外助学金后,每周工作时间比同类学生减少 8.56%,赠款援助可以改善学生的学术成绩和发展前景[13]。Kathleen Lynch 和 James S. Kim 在一个大的、高贫困的城市公立学区进行了一个暑期数学项目的随机实验,三到九年级的孩子(N = 263)被随机分配到一个提供在线夏季数学课程的小组或对照组。实验表明,实验组学生暑假数学学习活动参与度高于对照组,但在远期学业成绩上没有明显差异[14]。

  由于教育实验对象是学生,要符合伦理原则,因此很难严格控制所有无关变量,常常采用准实验法,即在实验中未按随机原则来选择和分配被试,只把已有的研究对象作为被试,且只对无关变量做尽可能控制的实验。我们选择的文献中,此类研究较多。例如 Melinda Adnot 等学者应用准实验设计,评价哥伦比亚特区公立学校(DCPS)独特的绩效评估和激励制度下教师流动对学生成绩的影响,以讨论教师流动对学生学习成绩的影响。他们发现,平均而言,DCPS 的绩效评估制度让学生的数学成绩提高了 0.08 个标准差(SD),而且在统计学上显著[15]。Dennis A. Kramer II 等学者设计了一个准实验,评价国家在学生完成学业和债务结果中所采用的超额学分政策,他们发现很少有证据表明高科技政策对学生完成学业有积极影响。从统计数据来看,采用高科技政策会增加中等学生的债务,来自社会边缘背景人群似乎最容易受到高科技政策的不利影响[16]。

  还有一些评价使用了混合方法(mixed-methods)。E. N. Bridwell-Mitchell 和 David G. Sherer 对三所城市公立学校 117 名教师的纵向混合方法研究表明，在政策执行过程中，教师如何解释政策是至关重要的，而文化是促成教师对政策解释的重要基础[17]。

不管哪个评价模型，评价最核心的就是提供证据。不是拍脑袋，而是以证据为主。什么才是证据呢？美国教育研究院按照是否用比较、对比的科学研究方法，是否有真正的控制组和实验组，是否随机，是否处理一致，是否能复制等标准提出什么算"证据"，什么算"可能的证据"，什么算根本"没有证据"（详见表1）。

表1 关于证据质量的分类

	证据	可能的证据	没有证据
对比	在两个或两个以上组之间进行对比：控制组和实验组	在两个或两个以上组之间进行对比：控制组和配对组	只有一个组（缺少实验组或配对组）
随机分配到各组	对象是随机分配到各组	对象是大致随机分配到各组	对象没有随机分配到各组
一致的处理	对不同组的处理是一致的	对不同组的处理达到最小的差异	对不同组的处理存在不可接受的差异
多个"地方"进行	多个"地方"进行	在一个或多于一个"地方"进行	在一个"地方"进行
复制	研究可使用相同程序复制（多种情形或多个案例）	研究可重复并得到相同结果，但不是通过完全一致的方式	研究不可复制；仅从一套数据中得出结论
控制	对于实验组和对照组外部影响因素得到控制	对于实验组和对照组大多数外部影响因素得到控制	外部影响因素极少或没有得到控制，可能干扰研究结果

干预的效果可以用效应量（Effect Size）来表达，效应量越大说明效果越好。在心理学研究中一般认为，效应量 $d=0.2$ 为效果小，$d=0.5$ 为效果中等，$d=0.8$ 为效果大（Cohen, 1977, 1988）[18]。在教育学研究中一般认为，$d=0.25$ 为可接受效应量（Tallmadge, 1977; Lipsey et al.2012）[19]。

影响效应量的因素包括：干预的时间、参与者数量、开始时间（在学前班或幼儿园、一年级或以上)、结束时间（从干预结束到评价之间的时间间隔)、干预主题（阅读、数学、语言、拼写、其他科目)等。中国学者在评价设计中要注意控制好这些因素，最大限度地提高效应量。

三、结论与建议

最后，提几个建议。我觉得美国的东西要批判性借鉴，比如美国对每一个教育干预都给予及时评价，换句话说就是干预和评价同时进行，不是只干预不评价，或者等干预完了再做评价。而且这种评价是多层次、多方面的，不是都等着教育部派专家去评。再比如有些教育问题是中美共存的，美国的经验或者教训可以借鉴，比如说能力分班，美国已经做了半个多世纪的探索和研究，并对每一种干预都进行了评价[20]，我们在做这方面的评价时，可以借鉴美国的评价结果。

科学化方面，我还想提两个建议：一方面是评价人才队伍建设。首先，评价专家要兼有基础研究和应用研究的经验；其次，要专门培养教育政策评价方向的研究生。另一方面是要重视实证研究，建议从建立教育数据库开始。美国的数据库优势是有目共睹的，数据翔实，更新及时，而且，美国国家教育统计中心（NCES）的数据库是公开的，很多大学、学区的数据库也都可以共享。美国大部分评价论文中都有一个关键词叫"二手数据分析（Secondary Data Analysis）"，这背后就有强大的数据库做支撑。最后，还有学术期刊的问题，创办一种权威的、国际化的教育评价期刊，既有利于集中中国教育评价的成果，也有利于国际交流，与其他国家分享我们的研究成果。

注释：

[1] 教育部办公厅关于开展清理"唯论文、唯帽子、唯职称、唯学历、唯奖项"专项行动的通知[EB/OL].[2018-11-8].http://www.moe.gov.cn/srcsite/A16/s7062/201811/t20181113_354444.html.

[2] AERA, APA, &NCME. Standards for Educational and Psychological Testing[M]. American Educational Research Association, 2002:3.

[3] Boston Public Schools NCLB Accountability Status Changes From 2013 to 2016[EB/OL]. https://www.bostonpublicschools.org/Page/712.

[4] Jean Stockard and Timothy W. Wood, Cristy Coughlin, Caitlin Rasplica Khoury. The Effectiveness of Direct Instruction Curricula: A Meta-Analysis of a Half Century of Research[J]. Review of Educational Research August 2018, Vol. 88, No. 4, pp. 479—507.

[5] Douglas Lee Lauen, S. Michael Gaddis. Accountability Pressure, Academic Standards, and Educational Triage[J]. Educational Evaluation and Policy Analysis March 2016, Vol. 38, No. 1, pp. 127—147.

[6] Rachel Garrett, Guanglei Hong. Impacts of Grouping and Time on the Math Learning of Language Minority Kindergartners[J]. Educational Evaluation and Policy Analysis June 2016, Vol. 38, No. 2, pp. 222—244.

[7] Kathleen Lynch James S. Kim. Effects of a Summer Mathematics Intervention for Low-Income Children: A Randomized Experiment[J]. Educational Evaluation and Policy Analysis March 2017, Vol. 39, No. 1, pp. 31—53.

[8] Michael Hurwitz, Preeya P. Mbekeani, Margaret M. Nipson, Lindsay C.

Page. Surprising Ripple Effects: How Changing the SAT Score-Sending Policy for Low-Income Students Impacts College Access and Success[J]. Educational Evaluation and Policy Analysis March 2017, Vol. 39, No. 1, pp. 77—103.

[9] Louis-Philippe Beland, Dongwoo Kim. The Effect of High School Shootings on Schools and Student Performance[J]. Educational Evaluation and Policy Analysis March 2016, Vol. 38, No. 1, pp. 113—126.

[10] Douglas Lee Lauen, S. Michael Gaddis. Accountability Pressure, Academic Standards, and Educational Triage[J]. Educational Evaluation and Policy Analysis March 2016, Vol. 38, No. 1, pp. 127—147.

[11] Brian Jacob, Susan Dynarski, Kenneth Frank, Barbara Schneider. Are Expectations Alone Enough? Estimating the Effect of a Mandatory College-Prep Curriculum in Michigan[J]. Educational Evaluation and Policy Analysis June 2017, Vol. 39, No. 2, pp. 333—360.

[12] Beth E. Schueler, Joshua S. Goodman, David J. Deming. Can States Take Over and Turn Around School Districts? Evidence From Lawrence, Massachusetts[J]. Educational Evaluation and Policy Analysis June 2017, Vol. 39, No. 2, pp. 311—332.

[13] Katharine M. Broton, Sara Goldrick-Rab, James Benson. Working for College: The Causal Impacts of Financial Grants on Undergraduate Employment[J]. Educational Evaluation and Policy Analysis September 2016, Vol. 38, No. 3, pp. 477—494.

[14] Kathleen Lynch, James S. Kim. Effects of a Summer Mathematics In-

tervention for Low-Income Children: A Randomized Experiment[J]. Educational Evaluation and Policy Analysis March 2017, Vol. 39, No. 1, pp. 31—53.

[15] Melinda Adnot, Thomas Dee, Veronica Katz, James Wyckoff. Teacher Turnover, Teacher Quality, and Student Achievement in DCPS[J]. Educational Evaluation and Policy Analysis March 2017, Vol. 39, No. 1, pp. 54—76.

[16] Dennis A. Kramer II, Michael R. Holcomb, Robert Kelchen. The Costs and Consequences of Excess Credit Hours Policies[J]. Educational Evaluation and Policy Analysis March 2018, Vol. 40, No. 1, pp. 3—28.

[17] E. N. Bridwell-Mitchell, David G. Sherer. Institutional Complexity and Policy Implementation: How Underlying Logics Drive Teacher Interpretations of Reform [J]. June 2017, Vol. 39, No. 2, pp. 223—247 DOI: 10.3102/01623737716677567.

[18] Jacob Cohen. Statistical Power Analysis for the Behavioral Sciences Second Edition[M]. Lawrence Erlbaum Associates Publishers, 1998:25.

[19] Lipsey et al. Translating the Statistical Representation of the Effects of Education Interventions into More Readily Interpretable Forms[EB/OL]. National Center for Special Education Research, 2012.11. https://eric.ed.gov/?id=ED537446.

[20] Kulik, Chen-Lin; Kulik, James. Effects of Ability Grouping on Secondary School Students: A Meta-analysis of Evaluation Findings[J]. American Educational Research Journal, Fall 1982, Vol.19(3):415.

重构教育评价体系

李镇西

中国教育三十人论坛成员

新教育研究院院长

成都市武侯实验中学原校长

主旨发言

教师评价与职称改革

我这个时候上来演讲显然"不得人心",因为快十二点了。不过我还是很乐意站在这里。我是来自基层的教育者,我的观点也很肤浅,但每年中国教育三十人论坛年会我都会参加,因为对我来说,这是一年中我唯一穿西装的一天。(众笑)

今天我的观点依然谈不上独到深刻,不过是发布一个调查结果而已。我今天的演讲题目是"教师评价与职称改革"。这次年会的主题是"重构教育评价体系",我想教育评价自然应该包括教师评价。教师评价当然不只是职称,但职称无疑是对教师的重要评价。

职称,是无数一线教师一生的光荣与梦想。说是"光荣",是因为职称是教师专业技能的标志,也是职业尊严的象征;说是"梦想",是因为许多教师终其一生都在为评高级职称而奋斗,不少人到退休之际都还没有实现自己的"职称梦"。我想,就在此刻,当我们在这个论坛谈论教育评价时,在远方还有许多教师正在为准备评职称的各种材料而忙碌着。

当然,我说职称是一线教师的"光荣与梦想",但可能对不少教师

来说，一辈子却没有"光荣"，只有"梦想"。为了这个"梦想"，教师们付出得太多太多，有的教师甚至因为"梦想"破灭而失去了生命。大家可能已经知道了最近发生的有关职称评定的令人心碎的悲剧——

2018年11月8日下午4点左右，由于对学校工作安排、绩效考核和职称制度的不满，武汉某中学44岁的数学教师张某某从教学楼四层跳下，当场身亡。

张老师的遗书中有这样的句子："……涉及职称晋升，像我们这些主课教师没有什么竞赛成绩，更缺失了班主任那块的评分，自然没有什么优势！难道我们这些教师，职称就不需要晋级了吗？大家都是靠工资吃饭！我没有那么神圣，所以我大胆地说出来！因为这一切，直接导致了我对教学工作积极性的丧失……"

他还写道："……我所做的一切只是为了活着的同事们以后能有一个更加公平的环境、一个更有人情味的世界。"

2018年9月13日早晨6时许，河南洛阳某中学52岁的初三班主任、数学教师王某某跳楼自杀了。临终前，王老师编辑了生前的最后两条短信。

一条短信的内容为："我是自杀，以此表达对教育局及学校的失望，原来拖欠工资，现在各种各样的检查、乱七八糟的档案、名目繁杂的培训、职称评审不公。"另一条短信的内容为："期望真正的教育。"随后，他便从学生宿舍楼顶跳下，当场身亡。

我看到有关报道说，王老师为评副高职称已经准备好几年了。按照评副高的条件——优质课、模范、课题或社团，王老师已经进行了很长时间的准备。2009年他获得洛龙区优质课竞赛二等奖、河南省初中数学竞赛优秀辅导员称号；2012年他获得洛阳市教育局优质课竞赛二等奖，2014年他被评为洛阳市优秀教师、洛阳市优秀班主任。可还是达不到评审条件，原因是缺"课题或社团"一项。而课题要先从学校报到区里，区里批准了再开始，据王老师反映："工作量可大，一个人弄不成。我弄过一次，好几个人合作，每人分一小块任务，我都整了几个月。申报到批下来，一年多时间，要整各种材料，在电脑上，难度可大。"

因为对职称评定感到绝望而自杀的教师毕竟是极个别的，但虽然没有自杀却深感职称评审不公的教师却绝非个别，而是千千万万。

我曾任教的成都市武侯实验中学，有一个名叫唐燕的教师，她非常优秀，无论教语文还是当班主任，都深受学生喜爱。同事们也觉得唐燕很优秀。有一次申报市里的一个什么奖，她却没有被评上，因为缺了个什么证书，加分自然就吃亏了。为此，我写了一篇文章《以人为本，还是以"证"为本》，发表在我的"镇西茶馆"上。开篇我这样写道——

这种情况恐怕不是个别的——无论是同事，还是领导，更不用说学生及其家长了，明明都觉得某教师优秀，可放在"客观公正"的"硬条件"面前，他却"优秀"不起来。相反，另一位大家都认为"很一般"的教师却能通过同样的条件"一枝独秀"。这是些什么"硬条件"呢？其实很简单，就是各级荣誉称号、各类获奖证书，还包括发表的文章，等等。有时候，两位旗鼓相当的候选人如果PK（对决）到最

重构教育评价体系

后,甚至连诸如多一面"班级卫生流动红旗"都会成为"压死"对手的"最后一根稻草"。

放着活鲜鲜的"人"不管,眼睛只盯着那些死板板的"证",这样的评选,越来越让我觉得怪怪的。问题是这样的评选都是打着"客观公正"的旗号,真让人无语。

我不是反对看证件之类的硬条件,而是说,首先应该看人的评价——就是学生、家长、同事对他的评价,最后再看各种证书。

唐燕工作15年了,现在还只是个一级教师。我校还有一位工作25年的一级教师,叫蒋长玲。她也非常优秀,课上得好,班带得好,教学成绩也很突出,可就是评不上高级教师。好在她心态很好,在一次演讲中,她说:"我并不领先,但我在行进;我并不优秀,但我很幸福!"

唐燕和蒋长玲是不可能为职称自杀的,但我们不可能要求每一个教师都像她们俩一样,对职称有着超然恬淡的心态。何况,教师们为自己的职称而努力也是理所当然的,为职称而焦虑也是可以理解的。

建立中小学教师职称制度的初衷是什么?我查了查2015年人社部、教育部发布的《关于深化中小学教师职称制度改革的指导意见》,上面是这样说的:"建立与事业单位聘用制度和岗位管理制度相衔接、符合教师职业特点、统一的中小学教师职称(职务)制度,充分调动广大中小学教师的积极性,为中小学聘用教师提供基础和依据,为全面实施素质教育提供制度保障和人才支持。"

大家看,"充分调动广大中小学教师的积极性",可这良好的愿望实现了吗?

我有一位朋友叫王开东，他写了《珍爱生命，远离评职称》一文。文中有这样的话："无论是职评顺风顺水的老师，还是遭遇滑铁卢的老师，大家无不对职评深恶痛绝。"

说"大家对职评深恶痛绝"，可能有些过分，但相当多的中小学教师对现行职称制度不满意，这是事实。

究竟有多"不满意"？不能仅凭感觉，得用数据说话。因此，最近我以我的微信公众号"镇西茶馆"为平台，在全国中小学教师中搞了一个以职称评定意愿为内容的调查。这次调查从2018年11月15日始至22日止，为期一周。

参加此次调查的教师为38 694人，覆盖全国31个省、市、自治区。其中来自直辖市的教师占比约为3.58%；省会城市和一线城市的教师占比约为8.41%；二线城市的教师占比约为30.45%；乡村教师占比最多，约为57.21%。这在较大程度上代表了我国当前基层教师的分布状态。所以这个调查结果应该是有代表性的。

另外，中小学教师占调查人数的绝大多数，分别为小学教师约占40.47%，初中教师约占38.40%，高中教师约占17.03%，幼儿园教师和职业中学教师分别只占约1.51%和2.44%。可见小学、初中、高中教师对国家职称评定更加看重。

还需要说明的是，这次参与调查的教师大多来自公办学校，约占96.42%，民办学校的教师仅占约3%。所以各项调查题的结果，大多反映的是公办学校教师的意愿，不过民办学校在职称评定方面存在的问题也和公办学校差不多。

 重构教育评价体系

下面我就此次调查结果进行一个简单的述评。

第一，公办中小学教师晋升高级职称难。

前面我说了，这次参与调查的教师主要来自公办学校，所以我这里说"公办中小学教师晋升高级职称难"，并不意味着说民办学校教师晋升高级职称就容易。这点是需要说明的。

调查数据显示，公办学校教师中10~30年以及30年以上教龄者约占调查总人数的80.50%。这些教师工作年限长，经验丰富，可大多仍为一级教师（约51.41%）和二级教师（约34.88%），被评为高级职称的人数占比约为10.37%，其中被评为正高级职称的人数仅占约0.14%。调查还显示出极少数教师没有参加任何职称评定。

第二，大多数教师对国家现行教师各职称等级评聘的标准并不清楚。

面对"您是否了解国家现行教师各职称等级评聘的标准条件"的调查题，表示"非常熟悉"的，只有约30.91%，不到三分之一；而表示"了解一些"的约占51.54%，还有约17.41%的调查者表示"比较模糊"。其实，国家的有关条件和政策是比较清楚的，之所以还有不少教师"比较模糊"，可能与基层学校在评定职称过程中，对政策的宣传不够充分有关，这导致教师们感觉政策不透明、不公开，这也是教师们对职称评定颇有微词的重要原因。

第三，绝大多数教师认为现有职称制度不能激发、调动教师的工作积极性，呼吁改革。

对"您认为现有职称制度是否能够激发、调动教师的工作积极

性"的调查题，仅有约3.86%的人认为"是"，而约79.44%的人认为"否"，还有约16.59%的人表示"不好说"，另有约0.11%的调查者没有答题。可见绝大多数教师没有感到现行职称制度能够调动他们的工作积极性。

对"现有教师职称制度是否需要改革"的调查题，约96.89%的教师认为需要改革，有约2.21%的人感觉"不好说"，仅有约0.73%的人主张"维持现状"，还有约0.11%的人没有答题。可见，呼吁职称制度改革是相当广泛的民意。

第四，大多数教师把改革的期待指向了工资待遇。

对"您认为调动、激发教师工作积极性，以下哪个方面的内容更重要？——专业成就、学生成长、职称职务、竞赛获奖、工资收入、绩效奖励"的调查题，有约57.04%的人选择"工资收入"，有约18.08%的人选择"绩效奖励"，两项人数约占75.12%。这说明教师普遍认为，提高工资收入和绩效奖励能够调动激发教师工作的积极性。由此可见，教师不仅仅需要从专业成就、学生成长等方面获取个人成就感，他们更希望能够通过与自己劳动相匹配的工资待遇展现自身价值，教师的工资收入普遍偏低是他们工作主动性、积极性不高的最主要原因。

第五，绝大多数教师希望取消职称制度。

对中小学教师职称制度，有约77.42%的调查者明确赞成取消，有约7.01%的人不赞成取消，还有约15.50%的人感觉"不好说"，另有约0.07%的人未答题。

第六，对职称制度改革，大多数教师倾向于以教龄的长短作为评

 重构教育评价体系

判标准。

有约69.91%的人主张按教龄到了一定年限自然晋升职称等级,有约16.46%的人主张按教育教学业绩晋升职称等级,有约11.27%的人主张参照工作量确定职称等级,有约1.27%的人主张按学历确定职称等级,另有约1.08%的人未答题。

把上面第五、第六两项调查结果联系起来看,大多数教师认为,如果职称制度不能取消,那么不如以教龄的长短作为评判标准决定职称的评定和晋升。因为对教师工作的优劣的评判很难有一个公正、客观、准确的衡量标准,何况操作过程中可能还会有一些"猫腻"。所以教师们普遍认为,要么取消不公平的评聘制度,要么按照年龄来"论资排辈",这样至少可以避免很多"暗箱操作"。

(一)从参与调查教师的留言中,我们可以看到大多数教师赞成"取消职称制度"的理由:

1. 名额有限。

教师们认为,"僧多粥少"是职称评定制度中矛盾的根源之一。名额配置比率在各个学校之间不公平,有的学校因为中老年教师人数多,所以年轻教师只能排队等位,退休一个则有一个名额。即使学校有相应名额,但因为名额分配有限,众教师都需要去挤"独木桥"。而稀缺的"职称评定资源"极易成为滋生腐败的温床。

2. 考核不公平。

因为名额少,恶性竞争,于是考核中暗含了一条潜规则"按资排辈",而"职务高低"成了按资排辈中的资历和辈分的代名词。"领导

优先，一线靠边"成了很多学校的默认模式。另外，因为职称评审条件中还有当班主任、上公开课、支教等规定，于是有的教师为了评职称而去当班主任、上公开课、支教，让教育变了味。更有甚者为了利益，挤兑同事，取悦领导，拉关系，走后门。恶性竞争让学校成为蝇营狗苟、钩心斗角的场所，使得买卖论文有了广阔的市场。"评上的教师不高级，没有评上倒更优秀。"

3. 考评苛刻。

职称的评定就如同将教师分为三六九等。为了拉开教师之间的差距，相关部门就会制定许多"细则"，这些"细则"成了条条框框。教师们认为评定制度不合理，重形式，轻业绩，评价标准还有许多与教育教学无关的事情。为了迎合这些条款，教师不得不戴上更多的"枷锁"和"镣铐"，这限制了教师专业发展的多样性。即使符合这些条款，在职称评定的过程中，也需要准备很多烦琐的材料，让教师感觉费时费力、劳心劳神。

4. 一评定终身。

让很多教师无法接受的一点是，被评上的高级教师便犹如进入了职业保险箱，提早进入退休期。年轻教师挑起了重担。于是，某些单位便出现了这样的怪现象：高级职称教师不在一线，在一线的教师不是高级职称；职称高的干活少，拿钱多；职称低的干活多，拿钱少。

（二）也有教师不赞同取消职称制度，认为改革比取消更重要。他们的理由和改革建议有：

1. 有竞争才有激励，职称制度在一定程度上体现了技高者酬丰，

起到了激励的作用。如果取消这样的评价机制，优秀的人无法拥有与其优秀相称的尊严与收入，与庸碌的人并无区别，这将回到"大锅饭"时代，干与不干一个样，将会造成更大的不公。

2. 教师的成长也需要评价，职称正是教师受到肯定性评价的重要标志之一。

3. 对改革职称制度的建议：

（1）按需配置名额：教师符合标准该评就评，而不是让有限的指标诱发教师之间的矛盾；

（2）精简评选标准，让评价标准回到教育教学本身，重视教育教学质量的提高；

（3）参考公务员体制里的自然晋升机制，或让职称与工资脱钩，仅作为对教师专业技术水平的等级称号；

（4）对教师采取阶段性业绩的考核，降低职称对工资的影响，提高教龄津贴，提高基本工资。

以上是广大中小学教师对目前职称制度的看法。那么，国外的情况如何呢？其他国家的中小学教师有没有职称？其他国家对中小学教师的"激励"从何而来？让我们把视野投向域外。

我通过在国外的学生和朋友做了一些了解，也查阅了有关资料，这里简单介绍几个国家的相关情况。

先看美国。在美国，中小学教师的工资水平取决于下列因素：第一，学历。本科学历是对教师的最低要求，研究生和博士生的工资水平会高一些。第二，教学年限。工龄越长，工资越高。第三，教学成果。教学越有成效，工资越高。第四，教授科目（含课外活动）越多，工资越高。第五，市场需求。私立学校会付更高的工资给某些紧缺的教师。

英国的中小学教师是需要评定职称的。他们的职称分为：主任教师、副主任教师、高级教师、四级教师、三级教师、二级教师和一级教师。在英国，教师的职称是决定教师工资一个极其重要的因素，因为英国教师的工资是按照教师的职称来划分的。

英国还设立了教师证书等级制，一个合格的教师必须具有政府规定的学位和证书。一般来说，学位越高证书的等级也越高。教师证书的等级不同，起点工资和津贴的标准也不相同。另外，英国中小学还实行职务津贴制，津贴的多少按照教师的职称来确定，在较大的中小学里，约有40%的教师可享受到这种津贴。

德国没有中小学职称评定制度，但对教师的从业要求十分严格。在各种职业中，只有教师、医生、律师必须通过国家考试，教师正式任教后，受到社会的普遍尊重。在德国，教师的工资待遇也很高，教师属于公务员编制，按照相关规定享受公务员的一切待遇，并且教师资格受法律保护，一旦成为正式教师，不会被随意解雇，没有失业之忧。在德国，中小学教师共划分为16个级别，每一个级别有不同的经验档，一般是每两年或者三年升一个档。在德国，教师属于公职，所有公职人员的工资都是透明可查的。

今年我两次去丹麦，曾就这个问题问了问丹麦的教育同行，得到了一些信息。这里，我着重介绍我在北菲茵市斯莱特学校与校长的一

 重构教育评价体系

段对话——

我问他:"丹麦有职称评定和评优选先之类的事吗?"

他开始没听懂,我向翻译详细解释了"职称评定"和"评优选先"的意思,翻译又给他翻译了,他终于明白了,回答说:"没有。"

我问:"教师之间的工资有差别吗?"

他说:"在丹麦,校长没有权力决定教师的工资是多少。教师的工资一般由基本工资和资历工资构成。每个教师所教的年级和科目如果相同,那工资都是一样的。12年中,教师的工资有三个晋升的阶梯,只要没有大的失误,只要到了那个时段,自然就晋升。只要没有大的问题,根据年限教师的工资自然增长,所以我没有压力。"

我又问:"在丹麦,教师的工资在社会上属于哪种档次?"

他回答:"属于中等吧,比医生、警察高。我们教师都会为自己的职业感到骄傲,感觉社会地位不错。当然,我们是民主国家,媒体上什么声音都有,也常常批评我们公立学校的教师。这很正常。但总体上讲,我们还是很受尊重的。我们国家的教师很有安全感,这个职业的整个保障体系也很完整。"

我"很中国"地追问:"既然教师们的工资都一样,也没有额外的奖励,那怎么激励他们呢?"

他愣了一下,略微想了想,然后非常郑重地说:"我们的教师,作为公立学校的教育者,的确特别自豪。因为我们的工作,是把我们一拨一拨的孩子,塑造成适合民主社会的公民。到他们毕业的时候,他们已经成长为丹麦的公民,这就是我和我们的教师——作为丹麦公

民，觉得最有意义的事情，这就是对我们教师最大最大的激励！因为培养公民，就是每一个教育者最大的自豪！"

当时，听到他这么说，我真的热血沸腾，非常感动。也许有的中国人会想，他是校长，他在唱高调。但我和该校一位中年女数学教师聊天时，她也很自然地表达了同样的自豪感。

我问她："您认为在教学过程中，作为教师最重要的品质是什么？"

她说："温暖和爱。不要让孩子感觉老师对他失望，而要让孩子感受到老师的鼓励，这种充满温暖和爱的鼓励对孩子特别重要。"

当时正说话的时候，刚好从我们身旁走过一个女孩子，看样子是中东来的学生。她就顺便举例说："有的孩子是从别地移民或者作为难民过来的，比如刚才走过去的那个叙利亚女孩，到丹麦是在两年半前。当初她的数学成绩和别人差距太大，但是这个孩子现在的数学成绩已经跟别人一样了。为了这个女孩，我花了好多好多时间和精力，专门提高她的数学成绩。我现在特别高兴的是，她的数学成绩已经跟其他学生一样好了。"

我就问："您给这些学生花额外的时间和精力辅导，学校给您额外的报酬吗？"

她笑了："没有。学生成绩提高之后脸上的微笑就是对我最大的报酬。"她一边说，一边用双手比画着笑脸。她接着说："我看到孩子们刚进来的时候，成绩不好，没有自信心，可是离开我的时候，成绩提高了，我很欣慰。学生离开我以后，不管他们从事什么职业，面对挑战时充满自信，作为一个公民，他们能够为国家发展贡献自己的力

量。然后一拨一拨的学生回来看我,有的学生还带着他的孩子。他们脸上充满微笑,这就是对我最大的奖赏。我希望以后我能够看到更多这样的微笑。"

这时,帮我翻译的丽萨女士的眼泪一下子就下来了,她一边擦着眼泪一边翻译。

我禁不住对这位数学教师说:"您很伟大!"

她说:"谢谢!我是一个用心做教师的人。"

我想到了我今年退休前,应学生请求给他们上的"最后一课",来听我这"最后一课"的,也是"一拨一拨的学生",他们及他们的孩子,还有他们已经年迈的父母……于是我情不自禁地说:"我也是。"

其实,无论时代和国家有什么不同,教育者的爱都是相同的。

只是,作为教育行政部门,一定要用制度来珍惜和保护教师对学生的爱心。

因此,我明确反对取消中小学职称制度,因为职称也是教师们价值和尊严的标志。但我也认为目前的职称制度应该改革。参考一些国家的做法和这次参加调查的许多教师的意见,我有以下改革建议:

第一,增强教师考核评价的科学性、公正性和权威性。职称评定只是最后的结果,而不同等级职称的产生过程,就涉及科学、公正和权威的考核与评价。许多教师反对职称评定,甚至提出取消,其实他们反对的并不一定是职称评审本身,而是评审过程的不科学、不公正和缺乏权威性。所以,我们要在改革和创新考核评价方式上下功夫。实际上,我们已经有不少这方面的成功改革与创新了,比如——

1.多维评价:卢志文先生所在的翔宇教育集团探索的"家长满意、学生喜欢、同行佩服、领导称心、自我认同"的"五维评价",将单一的评价变为多元评价,防止了简单化,相对比较科学和公正,值得肯定。

2.模糊评价:有时候追求"精确",可能结果恰恰失真;相反,有时候"模糊"一些,可能更接近真实。这方面,李希贵所在的十一学校做得比较成功。李希贵校长说:"我们必须寻找综合的、多维的、互动的评价方式,而具体实施方式就是人事制度构架中的以双向选择为特点的聘任制度。"他们放弃了烦琐的、"精确"的考核,不搞所谓"精细化管理",而直接用聘任取代考核。当然,这里的"聘任"不是简单的"校长说了算"。只要到了新学年,各部门都争相聘你,那就说明大家对你的评价很高;相反,如果没人聘你,你就已经得到了最差的评价。李希贵校长直截了当地说:"让聘任制度成为评价制度。"

3.教师参与:我在武侯实验中学建立的学术委员会,承担职称评定的工作。我对教师们说,职称评定是一件很专业的事,不能搞"民意投票",所谓让申请者述职,然后投票决定谁上中级职称、谁上高级职称,这是很荒唐的,就像诺贝尔奖不能让全民选,而只能由专家评选一样。那么怎么办呢?我们便成立自己的学术委员会,每个教研组推出一名委员,条件是人品好、业务能力强,然后他们根据一套经全校教师通过的"工作规范程序"操作。学术委员会的主任不是由行政干部担任,而是由德高望重的教师担任。我曾经担任过一届委员,也只有一票,后来连委员也不当了,彻底退出学术委员会,让学术委员会独立工作。我当校长9年,很少有教师因职称问题来找我,不是他们"不愿给我添麻烦",而是觉得找我没用,我又没有那个权力。所以,我认为,尽量让教师们参与职称评定,以确保职称评定更公正。

第二,增加中高级职称名额,组成权威公正的评审机构,只要符合条件的都上,避免"僧多粥少"的所谓"竞争"。不就是多花些钱吗?我国改革开放40年了,都已经是世界第二大经济体了,国力大大增强了,那自然应该多花些钱在教师身上啊!

第三,评上基础职称进入职称序列后,按年限考核,只要达标,只要没有大的教育教学失误或事故,就一律按年限自动晋升。

一个学校最重要和最珍贵的是什么?几年前,我曾在一篇文章中写道:"比学校特色更重要的,是孩子的快乐与成长;比学校品牌更珍贵的,是教师的尊严与幸福!"是的,教师的尊严与幸福至关重要,千万不要因职称评定不公,而伤了广大教师的心啊!

所以我的结论是——

让科学而公正的评价制度,成为教师的尊严与幸福的重要保障!

谢谢大家!

(关于中小学教师职称改革意愿的问卷调查结果,详见李镇西老师的微信公众号"镇西茶馆")

大学排行榜科学吗

 重构教育评价体系

袁振国

中国教育三十人论坛成员

华东师范大学终身教授

中国教育学会副会长

大学排名的风险

关于"大学排名的风险",我想就七个问题做一个简要的介绍:

第一,我们为什么要做这件事?评价对教育能起到很大的作用,在促进教育改革和发展方面也会起好的作用,但是任何事情都是一柄双刃剑。习近平总书记在全国教育大会上把教育评价的问题作为重要问题提出来,可见这个问题不是局部的、短暂的和次要的问题,而是非常主流的问题。

我们为什么要研究大学排行榜的问题,为什么要做这个工作?一句话,太热。

如果学者做了一些大学的分析、评价,甚至于排行工作,这无可厚非,可以作为学生、家长选择学校的参考,学校办学自我诊断的参照,政府资源配置的借鉴。问题在于大学排行榜现在热到了超出了排行榜本身的功能,热到已经承担不起这个责任了。因此我们要降一点儿温,要泼一点儿冷水,让大家对这个问题有一个理性、清醒、独立的认识。

说大学排行榜太热有什么根据?首先,如果你搜索一下大学排行的话,会发现在很多媒体上它都是吸引眼球的重要内容;其次,媒体

各种关于大学排行榜的信息让学校普遍焦虑。

第二，现在大学排名是什么情况？大学排名不只中国有，在世界上许多国家都非常热，非常容易就能列举出50多个经常发布排行榜的机构。

第三，既然有这么多的排行榜，我们为什么选这四个呢？因为这四个热度最高。很多政府文件、大学宣传、媒体报道都把这四个作为它们的依据。我看到很多大学已经把提升排名作为一项任务。有些大学总是提自己是前一百名，就像总是提自己是"985""211"高校一样。我国大众主要看中的也是这四个，所以我把这四个拿来进行分析。

这四个排行榜就是US News、QS、THE、ARWU世界大学排名。

第四，这四个排行榜有什么共同的特征呢？尽管它们在出发点和理念上所使用的标准、权重的安排都有不一样，但是都有若干的共同特征，而这些共同特征是特别值得我们警惕的。

第一个，导向不可取。大家都知道大学的第一功能是人才培养，看大学主要是看人才培养的质量和人才对社会的贡献。培养出一代又一代的人才是大学对社会最重要的贡献。但是在这四个排行榜当中，只有5%到20%的权重在人才培养，也就是说80%以上的权重跟人才培养没有关系。

第二个，学校和学校不可比。大的和小的，文科的和理科的，综合的和单科的，这些学校之间都是不能比的。把不同性质的学校拿出来比，就像比较大人和孩子、男人和女人、年轻人和老年人一样，他们本身就不可比。

第三个，标准不一致。这些排行内部的标准是不一致的，不同的排行有不同的标准。

第四个，指标和标准不匹配。一个指标要有相应的标准匹配它，如果匹配得比较完善还能说明问题，但是我们发现很多指标和标准之间很疏离，甚至没有什么太大关系。

第五个，就是数据不可靠、严重失实。有主观原因和客观原因，从主观上来说，它们的数据搜索要求和标准之间没有联系，或者说联系不紧密。它知道需要更好的数据，但是这些数据，机构不涉及，或者学校不愿意提供给它，因此只能求其次，用联系不太紧密的数据替代。

还有一种可能性是它有数据，但是人家给它的数据是不可靠的，原因也不是人为的。我曾经做过科研管理工作，现在我还参加这方面的工作。我们经常会通过专家评审的办法来请大家评审项目、评审奖项，或者评审其他的计划。一开始设计的时候，人员和评价对象还是比较接近的，我想选100个人，我发出100张邀请函，其中50张没有回应，20张拒绝了，还有10张由于各种各样的原因没有给我很好的结果。那怎么办呢？换人。我第二次发出90张邀请函，结果又经过一次淘汰，等到最后开始评审的时候还少20个人。所以完全跟它当初的设计没有什么关系，这是主观和客观造成的。机构企图对全世界的大学进行评价，这是不可能实现的。

我曾受到过几个排行榜组织的邀请，让我对大学进行排名。我一开始还挺热心的，但是排到一半不行了，这300个大学我听都没听说

 重构教育评价体系

过,怎么排名?

第六个,排名的方法也不科学,包括数据采集、分析过程也不是很科学。

第七个,由于历史的原因、地域的原因、文化的原因,大学排名当中有些严重的偏见,我们往往不自觉,甚至漏掉了偏见对排名的影响。

比如说语言偏见,我们现在需要每个学科邀请30位以上的专家,结果邀请的全是英语系国家的,其他语系的就没有办法参加了。比如刊物的偏见,我们现在有SCI(《科学引文索引》)、SCCI(《社会科学引文索引》),那论文都是一样的吗?都是很好的吗?

前不久曾经发生过一件让我非常震惊的事件。有一个没有上过大学的人,一年写了800篇SCCI论文和SCI论文,涉及13个学科。他将许多论文进行整合,用最新的词汇,用各个杂志社喜欢的格式,一年发了800篇论文,我觉得这也是一个奇才。写论文的学者都被他戏弄得无地自容。

所以,我们要特别强调大学排名的风险,我们把它们归纳为助长非理性办学。

第五,我们的观点和结论。办大学要安静地、长期地、精心地办,不能靠轰轰烈烈,也不能靠一时的炒作,一定要尊重大学的办学规律,才能营造大学良好的办学氛围,我们要特别警惕大学的排名给我们带来的风险。

我想用三句话概括大学排名:不严肃,不科学,不可信。

为什么我们说它不严肃？现在最有影响的 US News，从 20 世纪 80 年代开始大学排名，它们一开始是作为一场游戏，这个杂志办不下去了，怎么办呢？主编开会讨论，讨论完了以后，有了一个主意，我们搞个大学排行榜，这个可以吸引眼球，可以提高销量，大家觉得这个可以做就做了。这个比较简单，就是请一些人说你们觉得哪个大学好，然后引起了轩然大波。

美国大学能饶了它吗？都批评它，它觉得这套路走对了，就开始走下去，开始了 US News 的大学排名，当时只做国内的，后来才做全世界的。其他的单位觉得这个好玩，是很大的商机，纷纷跟进做起了大学排行榜。

这是一个不严肃的事。觉得排行榜老是把哈佛排在第一不好玩，就排到第三去了。这本身就是一个游戏。人家是游戏，你把它当真了。

但是我们还在做一些傻事，既然影响这么大，它做游戏，我们不能做游戏，我们得认真对待这件事，所以我们要分析一下它科学不科学。这件事情科学不科学，我们要问一系列问题。

第一个，大学的水平可不可评？如果本来是不可评的，或者现在的方法、技术、数据还达不到可评的时候，我们怎么评价？大学的基本功能是什么？大学的发明创新和价值怎么体现？大学对世界的引领作用，大学的文化积淀，大学培养人才，这些内容才是大学的根本使命，这些使命可不可以测量？可不可以用数量化的方法公布？

至少目前的四个主要排行榜当中，对于这些大学的最根本的文化使命和价值都没有反映，是它们不愿意反映，是它们认为这个不重

要,还是它们确实没办法反映?出于善意的考虑,我觉得它们是没有办法反映,而不是它们认为这件事不重要。

第二个,该不该评?有些东西该不该作为指标?能不能把它作为评价大学水平高低、质量高低的标准?毕业生工资收入在很多排行榜中成了重要指标,也成了很多大学吸引生源的重要方面。但是从整个世界、一个国家来看,这样的评价就很成问题。

"两弹一星"的工程师,到偏远的山村支教的教师,他们的人均收入不高,从这个角度看,他们应该排在后面。但是我们以这样的人为荣,这才是大学的社会价值。有些指标是可以采集的,但是能不能拿来指引我们办学的方向?

第三个,重不重要?大学可以评价的东西太多了,你把什么作为重要的,什么作为不重要的?也就是指标的确定和指标权重的确定。我刚才已经说了,大学最值得重视的人才培养在评价标准里面居然最多只有四分之一的比重。这样评出的结果到底还重不重要呢?

第四个,合理不合理?这个指标放上去了,合理不合理呢?有一个被广为引用的大学排行榜,统计出全世界得诺贝尔奖的一共不到495人,但是哈佛大学就有158名。这说明什么问题?我们往往把这个看得很重,一票定乾坤。我们评价学生的时候也是以极少数学生做代表,你选出10名或者15名最能代表学生水平的,结果我们跟这个单位说这个名单没有给我们,这个单位说这不是你们的,是我们培养的。跟家长说,家长说这主要是家庭教育的成果。当然家长有功劳,企业和社会都有功劳,所以记入你学校的成果也不可信。

第五个，准确不准确？因为数据太多了，就不展开了，有很多数据是有误差的，有很多重复的数据，也有很多难以评判的数据。

QS有40%的权重是主观评价，主观评价是最不负责任的，最不科学的指标。你想即便一个教师再负责任，面对300个学校做排名，怎么做出来的？一边喝着咖啡，一边说这个放第几位？第8位，放第5位吧，第5位太前了，那第10位吧。

第六个，这样排系统不系统？用四个字形容，盲人摸象。我们有不同的角度，有不同的数据，也有不同的看法，所以每个人就看到自己的方面，我们知道部分，部分不等于整体，整体不是部分之和。所以根据那么细的指标，而且这些指标是不充分、不准确、不科学的，要得出一个整体性的排名，这个是荒谬的。我们在选择学校的时候也经常发生这样的事情。

因此它是一个不严肃的事情，也是一个不可信的事情。因此我想用八个字对应，就是姑妄言之、姑妄听之。他说他的，我们做我们的。如果你太关注这个东西，必然会急功近利。我们有些大学非常智慧，找到了提升排名的捷径，用什么办法呢？挖人，花钱引进了很多学者，排名从1 600多名一下子提高到270名。

第六，大学排名的六大风险如下：

第一个，助长了大学急功近利的风气。我们现在非常重视论文的发表，论文在所有的指标当中都是特别重要的。本来论文是科学发现和科学研究很重要的成果和载体，我们发布的是什么呢？是我们科学研究的成果，是我们对社会的贡献。但是当论文本身成为衡量指标的

重构教育评价体系

时候，我们关注的不是怎么发现真理了，我们主要关心怎么让论文发表。怎么让论文发表和怎么做科学研究，这完全是两条不同的道路。

第二个，助长了大学忽视学生和教学的倾向。因为没有权重，权重很低，当然和我们学校的最重要的工作没办法进行匹配了。

第三个，助长大学忽视自身特色。要想包打天下，这个是不可能的，也不符合社会的需要。社会需要的是百花齐放、各尽其能，这个社会才是和谐多样的。这个指标里面对于大学的特色是不强调的，你把精力集中在这些发展上，对特色大学很不利。

第四个，助长了大学盲目扩张。由于体量大的学校往往可以取得好的大学排名，导致很多大学重组，法国、英国的大学都在做这样的事情。

第五个，助长了大学不道德竞争。可以想象得到，由于它离开了对真理本身的追求，形成了对功利目标的追求，就会导致很多不道德的事情发生。

第六个，助长了大学为了一套以西方文化为中心的排名系统而西化。在西方的学术杂志上，西方的学者、西方的项目、西方的指标、西方的评价受到追捧和欢迎。

第七，我想简单地表述一下我们的态度和建议。

第一个，要建立正确的评价观和标准体系。非常严肃的学术研究需要长期的大量积累和实践，需要跟踪研究，而且一定是分类指导。我们不要想有包打天下的评价体系出来，至少我认为我们的智慧和现有的工具做不到。

如果是比较严肃的发布者,我们建议它们重视公共立场与公信力,要有统一的标准、评判同质对象,采纳更科学合理的指标体系,配套发布使用说明。在大多数情况下要有一个提示,像"吸烟有害健康"一样告诉别人。

多维视角,全面解读。认识需求,合理使用。我们两个人考试,我得了200分,你也得了200分,你数学150分,我语文150分,我们两个一样吗?完全不一样。家长选择学校的时候一定要搞明白大学排名的内在含义。

高校要放下焦虑,可以参考,但是千万不能把排名作为指挥棒,不能把提升排名作为努力的目标。现在太多的学校在规划上写着要把学校从第几名提升到第几名,要进前两百名,这怎么得了呢?这不是办大学了,这是非常危险的。

对于政府来说,排名可以参考,但最好是不看。如果一定要看的话,也不要太在乎。姑妄言之,姑妄听之。

最后,我想呼吁大家以正确的态度对待大学排行榜,还大学安宁的环境。

重构教育评价体系

陈平原

中国教育三十人论坛成员

北京大学博雅讲席教授

中央文史馆馆员

大学排名的是非功过

华东师大袁振国先生主持的大学排行榜专题研究报告《大学排名的风险》（山西教育出版社出版）终于发布了，虽然晚了点，但如此严肃的面孔、专业的姿态，还是让人很振奋。既然教育专家已经重拳出击，我这业余选手也就可以偃旗息鼓了。在过去的15年间，我多次谈论大学排名或排行带来的弊端，比较有代表性的是以下5篇文章：《大学排名、大学精神与大学故事》（初刊《教育学报》2005年1期）、《当代中国人文学之"内外兼修"》（初刊《学术月刊》2007年11期）、《解读"当代中国大学"》（初刊《现代中国》第十一辑，北京大学出版社，2008年9月）、《全球化时代的"大学之道"》（初刊2009年3月14日《文汇报》）、《人文学之"三十年河东"》（初刊《读书》2012年第2期）。另外还有5篇有所涉及而没能充分展开论述的文章。

可惜的是，《大学排名的风险》中找不到我文章的任何痕迹。为什么？我认为，第一，我并非教育学专家，更多的是面向公众发言；第二，我的文章不是发在教育学权威杂志，教育学院师生可能看不上眼；第三，好不容易有一篇刊于《教育学报》，可标题是"大学排名"

而不是"大学排行",课题组估计是采用精准检索;第四,对于人文学者来说,著作很重要,我主要以《大学何为》等"大学五书"影响社会及学界,这点与更看重论文的社会科学界有很大差异。

不是为了抱怨,而是想指出工作方向——走出封闭的教育学,将大学置于当代中国的政治文化语境,邀请知识界以及大众传媒共同参与。这也是今天借助中国教育三十人论坛这么一个平台,发布《大学排名的风险》研究报告,希望引发公众关注,而不只是交给专业杂志连载的缘故。10年前,香港三联书店出版了我的《历史、传说与精神——中国大学百年》,总编自作主张,给香港各大学校长寄送了样书。事后不止一位校长告知,他们被封面那句话打动:"从历史记忆、文化阐释、精神构建以及社会实践等层面,思考'大学'作为人类社会极为重要的组织形式,是什么、有什么、还能做些什么。"这么立论,似乎有些大而无当,很难量化或实证,可这正是我心目中"大教育"的魅力所在。

我关注大学排名,最早是缘于14年前有关北大的一则新闻。2004年11月《泰晤士报》推出最佳高校排名,北大跻身全球第17。北大校方很高兴,马上挂在网页上"广而告之"。同年11月17日、30日,12月10日,我分别在首都师范大学图书馆报告厅、北京大学教育学院、华东师范大学中文系做了"大学排名、大学精神与大学故事"的专题演讲(此演讲稿刊于《教育学报》2005年1期):"在我看来,这个排名所肯定的,不是北大的科研成果,而是中国在变化的世界格局中所具有的重要性。中国在崛起,而且在全球事务中发挥越来越大的作用；学者们在关注中国的同时，也在关注中国的高等教育。这就有意无意地提高了中国大学的学术声誉。非要一个中国代表入围不可，那就上北大吧。中国的重要性，以及大学发展和国家命运紧密相连这一设想，使大家认定北大非常重要。北大在现当代中国的政治史上，曾发挥过很大作用，这一点，给各国学者留下了深刻印象，因而排名时大大加分。"北大内部，不只我一人提醒大家要警惕大学排名的陷阱。此后，潮起潮落，校方不再过分关注排行榜，坚持走自己的路，这是大好事。

首先我得承认，教授谈大学排名，很容易理想化，因为"站着说话不腰疼"。我在《中国大学改革，路在何方？》（《书城》2009年第9期）中提及："大学排行榜的权威一旦建立，很容易形成巨大的利益链条，环环相扣，不容你置身事外。"教授可以说风凉话：大学排名毫无意义，排名高低跟我没关系！校长可就不敢这么说了。对于大学排名以及学科评估，所有的大学校长都是又爱又恨。名次下降则抱怨，名次上升则引用——若真有本事，应该是"也无风雨也无晴"才对。好在不同的排名，提供了自由解说的无限空间，你不妨各取所需（参见《大学排名、大学精神与大学故事》）。

我在《全球化时代的"大学之道"》中谈及为何认定"大学排名"对于中国大学的发展弊大于利："排名只能依靠数字，而数字是很容易造假的。以为读书人都讲'仁义礼智信'，那是低估了造假的巨大收益，而高估了道德的约束力。即便是老实人，拒绝弄虚作假，可当潜意识里着力于生产'有效的'数字时，必定会扭曲办学方向。大学排行榜的权威一旦建立，很容易形成巨大的利益链条，环环相扣，不容你置身事外。在我看来，此举将泯灭上下求索、特立独行的可能性。因为好大学必须有个性，但它的那些'与众不同'的部分，恰好无法纳入评价体系。'趋利避害'是人的天性，大学也不例外。久而久之，大学将日益趋同。差的大学可能得到提升，而好的大学将因此而下降。这就好像辩论比赛，裁判称，按照规则，去掉一个最高分，去掉一个最低分，其余的平均。这被抹去的'最高分'，可能是偏见，也可能是创见。当你一次次被宣布'工作无效'，不计入总成绩，自然而然，你就会转向，变得日渐随和起来。当然，你也可以固执己见，可那就有可能成为'烈士'了。"

我曾以史为鉴，称扬抗战中的国立西南联合大学，其最大的业绩不是科研成果，而是成功的本科教育。而当下中国：自从"有了'世界一流'的奋斗目标，加上各种'排行榜'的诱惑与催逼，大学校长及教授们明显地重科研而轻教学。理由很简单，教学（尤其是本科教学）的好坏，无法量化，不直接牵涉排名。不管是对教师的鉴定，还是对大学的评估，都是'对科研很实，对教学则很虚'。其实，当老师的都知道，在大学里教书，获得学生的衷心拥戴，很不容易。我这里所指的不是课堂效果，因为那取决于专业、课程、听众以及教师的口才等；我觉得更重要的是教师用心教书，对学生负责，以及真正落实教学目标。今天的中国大学，教授们普遍不愿在学生身上花太多的时间。其原因是，这在各种评鉴中都很难体现出来。这是一个很糟的结果。我甚至认为，高悬'世界一流'目标，对那些实力不够的大学来说，有时不啻是个灾难。这很可能使得学校好高骛远，挪用那些本该属于学生（尤其是本科生）的资源，投向那个有如肥皂泡般五光十色的'世界一流'幻境。结果呢？连原本可以做好的本科教学都搞砸了。"（参见《全球化时代的"大学之道"》）

在好几篇文章中，我特别提及，推行大学排名，最受伤的是人文学。在《人文学之"三十年河东"》中，我谈及："比起自然科学与社会科学来，人文学评价标准不一，其成果很难量化。所有的数字——包括排行榜、影响因子、引用率、获奖著作等，用来衡量人文学，都显得有点可疑。……我曾戏称当下中国人文学面临'三座大山'——政治权威、市场经济、大众传媒。其实，还应该加上社会科学的思路、方法及趣味。如今衡量人文学者成功与否的标准，已经跟社会科学家很接近：申请重大项目、获得巨额资金、拥有庞大团队、辅助现实决策。此等研究思路自有其合理性，但相对压抑个人化的思考与表达，对文学、哲学等专业明显不利。"

而在《当代中国人文学之"内外兼修"》中，我称："逼迫人文学者尽量外出承揽各种'工程'——最好是'国家重点工程'，这其中，钱是一个因素，但更重要的是便于控制和管理。是工程就有立项、设计、经费、人员、工作进度、项目验收等，好检查，好管理，也能体现上级主管部门的权威性。这对于工科或社会科学来说，或者是天经地义；可对于人文学来说，却不见得很合适。……经过这么一番'积极扶持'，大学里的人文学者，钱多了，气顺了，路也好走了。只是原本强调独立思考、注重个人品位、擅长沉潜把玩的'人文学'，如今变

得平淡、僵硬、了无趣味,实在有点可惜。"

至于大学排行榜制作的合理性与科学性,我曾在《解读"当代中国大学"》中表示质疑,且着重批评了上海交大的"世界大学排行榜"。上海交大这个排行榜的负责人刘念才教授和Jan Sadlak合编的《世界一流大学:特征、排名、建设》(上海交通大学出版社,2007年版)中,有几篇文章值得一读,尤其是那几篇质疑文章。此外,那本书中,还有一篇奇文值得欣赏,即刘念才等撰写的《从GDP角度预测我国建成世界一流大学的时间》,其基本观点是:世界顶尖大学,即排名第一到第二十的,人均国民生产总值在25 000美金以上;而世界一流大学,即排名第二十一到第一百的,人均国民生产总值则是在25 000美金左右。中国什么时候有"世界一流"大学呢?大概是在2020年。因为,到了那一年,上海的GDP总量将超过3 000亿美元,人均国民生产总值接近25 000美元,达到世界一流大学的标准。所以,最早进入"世界一流"的两所中国大学,很可能出现在上海。拜读这篇文章,我终于明白,大学办得好坏,端看GDP,你不觉得这很滑稽吗?

我刚从威海回来,去年威海的人均GDP超过上海,而且威海还只是第13位,前面还有鄂尔多斯、深圳、克拉玛依、东营、铜陵等,人均GDP都在上海前面。我不能想象日后世界一流大学出现在鄂尔多斯或克拉玛依。对于如此"简明扼要",按化学的思路"定量定性"地研究高等教育的方式,我始终心存疑虑。

这么说不等于完全否定,大学排名虽缺憾多多,也自有其存在的价值,理由是:

第一，公立大学拿纳税人的钱，有义务汇报业绩，不仅面向政府，也得面向公众。公众关注大学问题，既为了便于孩子们择校，也是一种无形的监督。太复杂的表格及论述民众看不懂，而排行榜所显示的各大学位置以及历年升降，无疑是最为直观的。

第二，从政府管理的角度看，对大学的拨款是否合理及有效，排行榜是很重要的参考数据。从"211"工程算起，20多年来，中国政府逐渐加大对高等教育的投入，其成效有目共睹，最直观的表现便是中国大学的国际排名迅速上升。比起专家们的空口说白话，榜单的戏剧性变化，更能让政府放心地加大教育投入。

第三，基于商业利益以及自我肯定的需要，大学排行榜越来越多。我的看法是：压是压不住的，因为社会上有这个需要。与其让国内外三五家评价机构垄断舆论，坐收渔利，不如完全放开，形成众声喧哗的局面。一来削弱排名的神秘感与权威性，二来乱世英雄起四方，经过一番激烈的竞争与厮杀，逐渐淘汰，最终留下若干比较靠谱的，供民众及学界参考。

第四，比起大学排名来，我更看好学科排名。大学太复杂了，任何一个排行榜在设计评价标准时，都很难自圆其说。学科排名当然也有这样那样的问题，但范围比较小，相对可控，且因学科排名中同行评议起关键作用，效果会好很多。比如教育部学位与研究生教育发展中心负责的一级学科评估，做得比较认真，且有行政权力做后盾，大家比较认可。

第五，我不主张采取"不全宁无"的决绝姿态。承认这个世界很

不完美，大学评价困难重重，但既然不能完全废弃，那就你我都有责。对于大学排名以及学科评估，除了反省批判，正本清源，若有机会，还得积极参与改革，通过调整游戏规则、操作流程、指标及权重的设计，使得大学评价体系日臻完善。

（2018年12月2日于"中国教育三十人论坛第五届年会：重构教育评价体系高峰论坛"发表。初刊2018年12月12日《中华读书报》）

石中英

中国教育三十人论坛成员

清华大学教育研究院常务副院长

重构教育评价体系

学科排名的几点认识

陈平原教授说国内外大学排行榜不太可信，学科排行榜还是可信的。其实，学科排行榜和大学排行榜一样，也有许多的不足。下面我就讲讲对于学科排行榜的几点认识。

一般而言，学科是学者的精神家园，是人才培养的重要平台。这些年大学排行榜风靡的同时，大学里的学科排名也越来越受到重视。如同大学排行榜对大学发展的导向作用越来越大，学科排名对学科建设的导向作用也越来越大。校长们重视大学排名，院长们重视学科排名。一些校长们将大学排行的上升当成是大学建设的目标，一些院长们也将学科排名的上升当成是学科建设的目标。现在高中生上大学、本科生考研究生，不仅要看大学排行，同时也要看学科排行。因为大家都知道，一流的大学并不是所有的学科都是一流的，选择一流的学科有时候比选择一流的大学更重要。当然，最理想的状况是考生能够有机会上一流大学，学习由一流学科支撑的一流专业。

大学排行评价的对象是大学，学科排名究竟排的是什么？学科排行评价的对象当然是"学科"。大学作为高等教育的组织，大家都很清楚。但是，"学科"究竟是什么呢？很多人却并不清楚或者不十分清楚，包括一些搞学科排行的人。在日常教育生活中，有许多由"学科"组成的词语，如"一级学科""学科建设""边缘学科""学科交叉""学科评估"等等。有些用法中"学科"的内涵比较明确，如"边缘学科""学科交叉"等，指的主要是某些制度化的知识体系和研究领域。但是，有些用法中的"学科"概念就不是很清楚，如"学科建设""学科评估"，要建设、评估的究竟是什么，有许多不同的理解。实际上，在学者们的研究中，关于学科的定义也不同。有人把"学科"等同于培养人才的"专业"，如"学科是大学的细胞，是构成大学的基本元素"，这里的"学科"只能被理解为"专业"；有人把学科作为一种知识分类体系和研究领域，如大学教师常谈论的"人文学科""历史学科"等；有人把学科理解为"针对人才培养目标而进行的教学科目或学习科目"，这个就比较窄；有人把"学科"定义为"学科是一个由学者、学生、学术组成的共同体"，强调学科内部的人际关系；还有人把"学科"理解为"大学进行知识创造、人才培养和社会服务的基本单元"，在这个意义上，"学科"就是"学院"，承担大学功能的基层学术组织，这个理解是有问题的。从这些分析来看，关于"学科"，有几个基本的内涵：a.某个知识体系及其研究领域；b.根据社会职业领域所设立的人才培养的专业；c.由学者、学生、学术等组成的教学和学术共同体。

根据上面的分析，如果要对"学科"进行评价、排名，也会有不同的评价内容和指标体系。所谓"排名"就是评价主体使用统一的标准对评价内容进行评价，并根据评价的结果对评价对象进行排序或者

 重构教育评价体系

区分等级，像 A+、A、A-、B+、B、B-等等。首先，如果对作为某个知识体系及其研究领域的"学科a"进行评价和排名，其主要评价内容就应是大学在某个知识领域的研究情况和学术表现，指标体系主要反映研究的条件、项目、成果、获奖情况、影响力等。但是，这里面有一个比较大的问题是，大学里的学科，其核心功能是培养人才，而非科学研究，即便是一些研究型大学也不例外。如果在学科评估和排名中过度关注"学科a"，可能并没有反映大学学科的本质和价值追求。其次，对作为大学里某种人才培养专业的"学科b"进行排名，评估比较的对象就是不同大学在相同专业人才培养领域的培养条件、能力和质量。这显然与对作为某个知识体系及其研究领域的"学科a"的评估和排名在内容、方法和指标上有很大的不同。再次，如果要对作为由学者、学生、学术等要素组成的教学和学术共同体的"学科c"进行评估和排名，其内容和指标也会有很大的不同，应反映"教学和学术共同体"的主要特征，如学术传统、共同愿景、制度规则、人际关系、文化氛围等等，以区别"好的学科共同体"与"差的学科共同体"。所以，对"学科"概念的理解不同，学科评估和排名的主要内容、方法和指标体系也会有很大的不同。当前几种不同的学科评估和排名从其评估内容、指标体系和权重的分配来看，也说明了它们对"学科"内涵、性质、价值等理解上的显著差异。

从 2018 年 QS 学科排名的指标来看，主要包括了"学术声誉""雇主评价""论文引用数"以及"论文/研究的影响力"四个一级指标，四个一级指标中三个与学术及其成果评价有关，只有一个"雇主评

价"与毕业生的职业胜任力有关。四个指标与人才培养条件、过程（如招生、课程、教学、质量监控、师生互动等）没有明显的关联，与上面所说的作为共同体的学科传统、愿景、制度、关系等也没有任何关系。因此，我们可以得出结论说，基于2018年QS的学科评价指标，它所理解的"学科"主要还是作为一个知识或研究领域，排名所考察的主要是该学科的研究声誉和学术表现。除了指标设定上偏重科研表现外，QS在进行学科排名时还偏重英文发表，这里面显然存在着学术发表语言的歧视，并且明显地有利于提升英语国家大学学科的排名，这也引起了非英语国家的强烈批评。

以我曾经服务的北师大教育学部为例，前些年北师大教育学部每年发表的学术论文总数在500篇以上，但是其中以英文发表的论文只有几十篇。这就意味着，北师大教育学科每年是以区区几十篇英文论文与世界其他国家特别是英语国家的教育学科进行比较、排名，几百篇的中文论文发表完全不被计算在内。这显然是不公平的。道理很简单，学术创新的水平不能以其发表的语言来决定。在这方面，QS的评价内容和排名办法显然需要做进一步改进。

相较于QS的学科排名，教育部学位与研究生教育中心的第四轮学科排名要合理一些。它基于对现代大学四项基本功能——人才培养、科学研究、社会服务、文化传承——的认识，构建了"师资队伍与资源""人才培养""科学研究水平""社会服务与学科声誉"四个一级指标体系，并且特别突出了"人才培养"在整个学科评价中的重要地位。这是应该得到充分肯定的。不过，如果细看该学科评估在"人才

培养质量"下的二级和三级指标，也会发现还有一些需要进一步完善的地方。例如一级指标"人才培养质量"的二级指标有三个：培养过程质量、在校生质量和毕业生质量。"培养过程质量"又包括"课程教学质量""导师指导质量"和"学生国际交流"三个指标。其中，"课程教学质量"的考察指标是："①国家级教学成果奖、研究生教育成果奖、省级（按省做标准化处理）及军队教学成果奖；②国家级精品视频公开课、国家级精品资源共享课、教育部来华留学英语授课品牌课。"这里面存在着不少值得深入思考的问题。衡量一个专业课程教学质量的核心和关键指标究竟应当包括哪些？用这些为数很少的、竞争性的国家教学成果奖、国家精品视频公开课，作为评价、比较各个大学各个专业课程教学质量的操作性指标是否合适？这种对于课程教学质量的操作性定义又会对学科专业建设产生什么样的导向作用？我个人的看法是这里面存在一定的问题，需要在下一次学科评估中加以认真和充分讨论。

所以，目前的学科评估和排名，作为一种学科的外部评价体系，理论和方法上并不完美，存在着这样或那样的问题。面对学科排名，人们应该有超越功利的态度，努力反思学科排名所存在的问题，以一种更加理性的态度对待学科排名。从上面的分析来看，学科排名在显示学科的一些可比较特征的同时，也忽视了很多本来应该加以深入思考和讨论的问题。例如忽视了对学科内涵、外延、性质和价值的深刻认识，使得学科排名的重心有所偏移，没有将人才培养置于核心的位置。近年来，对学科多样性的忽视也为人所诟病，虽不断改善，但还是不能充分反映学科的多样性。又例如所有排名对一级评价指标、二级评价指标、三级评价指标、权重、排名结果、排名影响等缺乏批判性的反思，过度强调排名结果而忽视产生这一结果的过程。事实上，如同大学排名一样，学科排名的指标、权重的确定以及数据定义、统计模型等等，都具有很大的主观性和价值偏好。再例如学科排名对学科与大学的关系、学科与社会的关系等缺乏必要的考察，完全将学科当成孤立的评价对象来对待，忽视了学科所赖以存在的大学组织的多样性以及大学赖以存在的社会制度和文化的多样性，很少考虑在不同大学组织和社会制度、文化系统下形成的学科独特性。事实上，这种不同大学和不同社会制度、文化系统下所孕育形成的学科独特性才是真实的学科最具魅力和吸引力的地方，对于人才的培养具有非常重要的意义。从这个角度来说，目前学科评价和学科排名的前提假设——所有相同的学科都可以用同一套评价指标体系来评价并加以排名——是存在问题的，并且最终容易导致学科建设的同质化现象，可能威胁到学科多样性和整个的学科生态。

最后，我想总结一下我的观点：学科排名是可以存在的，它对于学科建设来说，也有一定的参照作用。通过比较，一个学科大概可以知道自己的位置，或者知道自己在哪些方面比较薄弱。但是，基于当前的学科排名存在的上述许多问题，大学领导者和学院师生切不可把学科排名的结果绝对化，更不能将学科排名作为学科建设和发展所追逐的目标，迷信和崇拜学科排名，那样就会出现本末倒置的现象。就各种学科排名的未来走向而言，我也希望今后能够进一步反映学科的育人特性、体现学科的多样性、突出学科的特色和优势、关注学科对于本土社会的贡献以及进一步公开参与评价人员的身份特征、注重绩效评价、注重学科排名的元评价等。

谢谢大家!

洪成文

北京师范大学高等教育研究所常务副所长
国家教育考试评价研究院执行副院长

重构教育评价体系

大学排行的筹资问题对中国高等教育未来的一些影响

首先,我想给各位朋友展现的,是大学排行在基金排行上的一些滥用。刚才陈老师所批评的某些机构的排行没有把大学筹资放进去。目前放进去的只有一家,这一家就是"US News and World Report",这家有一个比重,占比不是太高,5%,但是就这5%现在已经日益显示出它的威力,这个武器的先进性、破坏性之巨大还是我们高等教育界,特别是教育主管领导们现在很少关注的,今天我的演讲可以说是抛砖引玉,让大家看到它的危险性。

大学里的基金本身是一件非常秘密的事情,但是现在基金也用来排行了。这个滥用体现在什么地方呢?大概有三处:

第一,袁老师刚才提到,大学排行数据的不完整。在这种不完整的数据上,是不是有无限放大这样的嫌疑,这个值得我们警惕。

学校筹资能力天生是有差异的,不同高校之间的筹资能力差异不是一倍两倍,甚至是几十倍、数百倍。在这样的情况下,基金的排行造成了对弱小高校灭顶式的打击。

今天中午吃饭的时候,我和中英教授一起探讨过,说清华大学最近在筹资方面将会有大动作,我一听,觉得北师大完了。因为就怕它动作大，师大没有大动作就意味着对我们的打击。如果北师大受打击，那你们可以想一下，如果是齐齐哈尔师范大学会是什么样，那就没法活了。我们羡慕别人娶媳妇时的热闹和高贵，我们要娶媳妇却不行，因为筹不起钱。

第二，大学排行误导了捐赠人的捐赠意愿。因为有排行榜了，哪个大学在前面我就给它捐钱，这是毫无疑问的。但这是错误的，这是不公平的，过去可不是这样的。在没有排行榜之前，他可以随便捐，现在就已经有导向了，把你的钱导向到排行更好的大学。结果是什么呢？就是富者越来越富，穷者越来越穷。中英教授是研究公平的。教育还有公平吗？没有公平就不用谈了。教育本身就不公平，你带头做了不公平的事情，你怎么跟兄弟们交代。我今天不是以穷人自居，在这里哭穷，但是我很嫉妒中英老师，我很嫉妒清华大学。

第三，少数大学富可敌国。谁是富可敌国的大学呢？我们看一下。这是2018年最新的数据，现在大学基金不是中央拨款，今年若是花不了，12月份就要上交国库，基金不是这样的，基金是留本的、永续的。从美国的大学看，普林斯顿大学233亿美元，哈佛大学370亿美元，哥伦比亚大学99亿美元，麻省理工学院148亿美元。如果是300亿美元的基金，换算成人民币是多少钱？约两千亿人民币，要挖中英这样的教授容不容易？我今天把话放在这里，中英同志是个很爱国的同志，但是这样下去的话，他在清华大学也待不长了，斯坦福大学会挖他的，所以你要做好准备，这就是现实，我们今天不能睁着眼睛说瞎话。因为高等教育当中有一部分大学变成了新贵和土豪，它们凭借着

 重构教育评价体系

雄厚的资金掠夺发展中国家的资源，几乎到了疯狂的地步，无所不往，所向披靡。基金排行实际上是没有枪声的战争，同志们我讲的有一点意思吗？来点掌声。听到枪声了吗？没听到吧，这就是战争。"清华某某女教授被挖去了，为什么被挖去了，不光是钱多的问题"，这就是一场没有硝烟的战争。

大学基金的排行让我们看到很多东西，即便是一流大学之间，它们基金总额的差距也大得惊人。美国大学排名在90位左右的大学，像特拉华大学、密西根州立大学、艾奥瓦大学、旧金山大学，都有十几个亿美元的基金，但和哈佛、耶鲁是几十倍的差距，也就是说，密西根州立大学如果跟哈佛抢人才，哈佛简直看都不看它，"我不在乎"，这是基金在起作用。中国的高等教育有这个基金吗？有，北大有，清华有，清华有多少，30亿人民币挂零，北大还是二十几个亿人民币，除以7，两所大学也就是4个亿美元左右的留本基金，加在一块不到10亿美金，你连旧金山大学都比不过。同志们，我们稍微冷静一点好不好，拜托！请看美国大学基金排名前100位的基金总量，可以看出基金的多少和大学排名具有非常大的相关性。大学排名越靠前，基金总量越多。对比中国，我们的问题非常严重。由此可见，美国大学排行里有基金一项，但是在英国大学排行里却没有。如果英国把基金纳入进去，英国的大学排行将下降许多，因为英国基金最多的大学也只能排到美国的二流大学中，所以拿基金排行就是自取其辱。

大学基金排行对于整个高等教育事业所产生的影响是什么？拉大了大学与大学之间在资金和基金方面的差距，挫败了弱小学校的筹资

信心。我们经常在西部或中部地区的大学参观调研,他们搞不了筹资,再搞也搞不到一百万元人民币。北大人家找上门来送,它还想着你这个钱我能不能要,是不是赃款。日子真是不一样。大学一旦富了以后,它才会讲斯文。因此,基金排行挫败了很多大学的信心,加剧了大学之间的竞争。

怎么办呢?任其自由发展下去吗?这个局面还得持续一段时间。我们站在大学办学的角度来讲,思考几个问题:

第一,我们还需要出台一些更优惠的大学筹资配比政策。大学到社会上找钱,政府给予匹配,对筹资行为给予激励。如果以后哪个校长在会上再讲我们的钱花不掉,我要找他干架,你不能这样说,如果这么说,别的系统会误认为教育系统的钱太多了,不如给我们养老吧,给我们扶贫吧,给我们卫生与健康事业吧。那些说钱多得花不了的校长,就是我们高等教育系统的败类。

第二,我们要鼓励学校走出去筹资。讲好自己发展的故事,培养自己的筹资能力,提高书记、校长的筹资意识和能力。

第三,我们从国家发展的角度出发,要认识到大学基金的重要性。我有个想法,最近大家对长江学者特聘教授、客座教授有点醋意,我不吃醋。为什么我不吃醋?我觉得长江学者特聘教授、客座教授不是多了,而是少了。今天借这个平台,我向中国教育主管领导说一句,我们要增加长江学者特聘教授、客座教授的数量,增加"杰青"的数量,增加"千人计划"引进人才的数量,让中国大学的教授,只要五六年以后都有希望成为长江学者特聘教授、客座教授,此

处应有掌声。为什么这样说呢？这样才能使教授突破传统工资制度的束缚。我们传统工资制度就是参考行政级别，你是什么教授，什么教授相当于副厅级、正处级，如果正教授工资比省长还要多，那省长也不干了，都去争教授了，是不是这个意思？长江学者特聘教授、客座教授在西方有点像"Chair Professor（讲席教授）"，一个学科到底厉不厉害，看什么？主要看 Chair Professor 的数量。比如经济学科，芝加哥大学很厉害，因为它有二十七八个讲席教授，哈佛大学有 32 个，到了伯克利大学只有 17 个。由此可见各学校经济学科实力的差距。讲席教授厉害啊，一个大学师资水平怎么样，主要体现在所拥有的讲席教授数量上。这个教授有三种含义：第一，这个教授是捐款设立的，教授的津贴不是来自政府的拨款，是私人捐赠的；第二，这个教授的津贴要比普通教授高得多；第三，这个教授的津贴不是来自人事处，而是来自这个基金或者是这个信托投资回报，所以它永远都在这个地方。

今天，我借这个机会，向大家报告一个好消息：2019 年 1 月 1 日，北师大教育学部将诞生中国教育系统第一个讲席教授——以顾先生的名字命名的——"北师大明远讲席教授"。将来这个教授谁来担当？我就特别看好中英同志。谢谢大家！

新高考得与失

叶翠微

海亮教育集团总校长
杭州二中原校长

关于新高考的实践反思

大家下午好!非常感谢中国教育三十人论坛能够给我这个发言的机会。我是"新高考得与失"这个主题论坛第一个发言的人。为什么是我?刚才主持人介绍了,因为我是从浙江来的。大家知道四年前浙江和上海作为新高考的试点地区开始进行高考改革。我觉得在中国做教育不容易,怕说错话,怕做错事,而高考改革更不容易,一不小心就处于风口浪尖。但是不管怎样,我们浙江人毕竟敢为人先,迈出了第一步。这一步也为全国其他兄弟省市稳步推进高考改革做了有益的探索和尝试。

今天,我想以"关于新高考的实践反思"为题,就我对新高考的认识和思考向大家做一个汇报。

在此,我先阐述以下几个基本观点。

基本观点一:要正视新高考的进步意义。

这次新高考不管是育人层面还是学理层面都有很多新亮点,但是这些新亮点该怎么定义?我从学校的角度作了如下归纳:

第一,就学生而言,开始"小鬼当家"。在原来的高考制度下,学生基本上是没有话语权的,他们是被设计的。这个"被设计"就是指新高考之前政府把"需要什么样的人"指令性地下达给高校,然后高校把"想要培养什么样的人"的信息传递给我们的教育行政部门,教育行政部门再把任务信息告知各高中,同时考试部门根据相关要求进行选拔设计。而2014年开始实施的浙江新高考给了学生们"小鬼当家"的机会。你究竟要选什么样的科目?往哪个方向走?为什么要选物理?为什么要选地理?每个学生都要认识自我、定义自我。我认为这样一场改革恰恰回应了我们育人的主体、招生的主体、改革的主体——学生,给学生以选择权。从某种意义上讲,这是对学生的人权、发展权的尊重,这是具有标志性意义的。这一点我是要大大点赞的。

第二,就高中而言,推行"选课走班"。高考改革以来发生了一系列生动的变化。新高考带来的新课改无疑让老师们更忙碌了,高中排课更复杂了。但我认为在这场改革里,真正撬动高中管理常态的是"选课走班",这恰恰让高中开始有了全新的课堂教学模式。这是有别于我们自20世纪八九十年代以来长达二三十年的课堂教学模式的。"选课走班"是高中的一种教学管理模式,也是学生的一种学习形态模式。从这个意义上讲,"选课走班"是学生"小鬼当家"的一种形式固化,也就是说"小鬼当家"是通过"选课走班"来实现的。我认为这一点是很了不得的。

第三,就高校而言,尝试"三位一体"。高考改革后,高校可以通过实施自主招生政策,借助"三位一体"在更高层次上参与对学生的选拔。在新高考的设计里面有一个逻辑,叫"两依据一参考",就是"依据统一高考成绩和高中学业水平考试成绩,参考高中学生综合素质评价信息"进行人才选拔。这是国家给出的指导思想,由各省来制订具体的实施方案。这个方案真正在高校落实,是从2011年浙江在两所高校率先试行"三位一体"招生开始的。所谓"三位一体",就是学生的学业水平考试成绩占10%,高校组织的学生综合素质测试成绩占40%,学生的高考成绩占50%,将这三者进行叠加以后作为录取的基本依据。这是浙江新高考的一个创造。在这次新高考中,我们特别欣喜地看到中国一批"985工程"高校、"双一流建设"高校,特别是北大、清华也通过"三位一体"直接参与对学生的选拔。通过面试,对学生的核心课程、核心科目、核心能力进行再测试。这样一种录取方式推行以后,像杭州二中这些在浙江重点中学里面排位在前面的学校的学生,具体地讲就是年级排名前40%的学生可以"信天游"了。因为"信天游"式的学习模式契合"三位一体"高校自主招生的要求,学生可以对自己的学习做更高程度的固化,从而使高校在录取过程当中能够更清晰、更好地甄别。

第四,就家长而言,学会"生涯规划"。在原有高考模式下,家长很大程度上只要"看菜吃饭"即可。等孩子分数出来后,对应有关学校往年录取的分数去衡量和思考孩子应该是到北大去,还是到浙大去。现在家长必须要提早判断、思考孩子究竟是在文科方面还是在理科方面有优势,文科方面是不是都能够打通关,理科方面是不是理化生都是强项,如果没有的话又该怎样选课。除此之外,提早做出的选择还要和大学专业的选择匹配,要与未来职业的发展匹配。于是自然出现了这些年我们很多基础教育工作者一直想做,但没有完整做起来的生涯规划。所以说生涯规划是在这样一种改革的过程中应运而生的。

新高考的这四个进步意义,让我们感受深刻。

重构教育评价体系

当然，也有一个深深的遗憾。那就是我们的课堂教学"风采"依旧，我们现在的课堂和没有改革之前的课堂几乎是一模一样的，除了走班，没有多大变化。这是不是我们这场改革设计的初衷呢？我想肯定不是。因为这场改革首先是要减轻学生过重的课业负担，其次是要让学生能够更好地高位成长，然后是要能够顺应高校选拔，特别是顺应"985工程"高校、"双一流建设"高校高质量办学和培养有创新潜质人才的需要。令人遗憾的是，在这场改革中学生的角色在变，老师也在面临变化，但是课堂几乎没有变化。因为课堂没有变化，出现了一件令我感到十分痛心的事，那就是出现了所谓的"精准化教学"等，把对分数的痴迷、膜拜带进课堂教学里，并且演绎到极致。这是一件非常令人痛心的事。

基本观点二：要关注新高考的操作诉求。

从某种意义上讲，新高考的确是一场变革，这场变革已经撬动了我们整个的基础教育教学体系。在这个体系被撬动的过程当中，我们必须认识到以下问题。

第一，配套的教师编制明显不够。新高考展开后，我们的学生是"选课走班"的，由原来的大理、大文两个类别变成了可能有的35个组合。我们在现有存量教师工作量的基础上，必须增加20%甚至30%的课时数。这个增量是现有编制教师无法承担的。

第二，配套的专项经费明显不足。在新高考展开的过程当中，要推出"选课走班"、一人一表，要推出高水平、小班化的教学。这样，办学成本自然就增加了。如果我们还是沿袭改革之前的经费配套标准，就无法解决因新高考带来的新增课时费、人头费和其他教学成本的开支。

第三，配套的教学场地明显不够。在新高考、新课改倡导学生个性化学习、"选课走班"以后，我们发现原有的规范化学校建设的标准无法适用。原有的标准是我们基于大班授课制在20世纪90年代开始实行的，而现有的体系由于以学生"选课走班"为主，需要大、中、小等多种类型的集中授课或自主学习的场地空间。这使现有学校的教学设施、设备面临巨大的挑战。

目前最大的问题是，我们的教师和校长对这场改革的感受与20世纪80年代特别是1982年后那种面对高考改革时的满怀豪情、充满崇敬不同。我明显感觉到这次高考改革的助力不足。从某种意义上讲，这场改革仅仅是教育行政部门和学校的"卡拉OK"，而不是在政府引导下的"黄河大合唱"，大家没有做到同唱一首歌。

基本观点三：要警惕新高考的功利陷阱。

第一，物理选考现象。浙江省2017届高中毕业生中参加高考的人数是29万人左右。其中有多少学生物理学科是从高一学到高三的呢？只有8万多人。2018届高中毕业生中选考物理科目的人数大概是6.1万。2019届高中毕业生中选考物理科目的人数再次下降也是肯定的。物理科目选考人数锐减，说明什么？喜欢学物理的孩子，哪怕不是理科苗子，肯定也是脑袋瓜子比较管用的。但是因为浙江的高考游戏规则，有一部分人不陪你玩儿了，以至于到最后你杭州二中多少人选考物理、多少人选考化学、多少人选考生物，都成了兄弟学校争相打听的重要信息。为什么呢？就是为了依据"田忌赛马"的策略来规避对方学校实力学科的优势，以便更好地指导自己学校的学生填报选考科

重构教育评价体系

目。学生避考现象对浙江来讲不仅仅是一个科目选考人数下降的问题，更大程度上是对浙江人理科精神追随和传承的挫伤，也必然会导致我们人才培养的自残。

第二，学科赋分现象。最近，浙江省普通高中学业水平考试及选考科目考试成绩公布。但据媒体报道，有些学生反映自己的实际成绩与预估分数出入较大。11月27日，浙江省教育考试院回应称，浙江省高考英语科目一年安排两次考试，考生可报考两次，选用其中较高一次的成绩。在刚结束的英语科目考试中，根据答卷试评情况，发现部分试题与去年同期相比难度较大。"为保证不同次考试之间的试题难度大体相当，浙江省招委组织专家研究论证，在制订评分细则时，决定面向所有考生，对难度较大的第二部分（阅读理解）、第三部分（语言运用）的部分试题进行难度系数调整，实施加权赋分。其他试题未作调整。"

消息一出即引起轩然大波。这次的赋分背后事实上反映了两个问题。其一就是华东师范大学考试与评价研究院院长陈玉琨教授所说的，"高考制度的改革是合理的，但高考手段和内容这一块还需要进一步加强，内容就是指试题的质量和等价性，也就是说，这张试卷和另一张试卷的价值应该一样的。"

其二就是"吃瓜群众"纷纷追问的行政赋权、法律赋权应该有什么样的程序？家长应不应该知道？既然高考是中国当下最公平的一个选才活动，那么分数的问题，话语权究竟又在谁？

第三，校园高复现象。比如说2018年浙江学考、选考在11月3日之后就结束了，高三甚至高二的学生考完了以后，对于某一门学科是继续学还是不学，无法立刻做出选择，因为分数的发布要在20多天以后。对学生来讲，至少有三个星期是高复期。老师不敢放，学生也不敢放，按照之前的学习套路再走一遍。从这个意义上讲，校园高复现象对学生的生命是一种浪费。

当然，这三种现象，我想对这次改革的设计者来说是不愿意看到的。但为什么又恰恰出现这些情况呢？其后面有这么一个逻辑："人民群众有无穷的智慧。"物理选考现象说到底就是分数为王，我要拿到最高分。浙江英语的这次"加权赋分"说到底也是一种权责利的博弈。这对制度设计无疑是一个考验。

此外，我们分别对2017年、2018年浙江省某高分段的学生人数做了一个分析：2017年600—635分的学生有21 000多人，每一分平均相差600多人。2018年600—635分的学生有28 000多人，每一分平均相差800多人。老百姓都知道这个秘密，所以会花更大的精力去琢磨怎样把分数做大，于是这种挤压现象会越来越严重，"一分干掉一千人"也是一种常态。这种现象应该引发我们的警醒和思考。

由此，我得出了几点实践性反思。

第一，高考改革要考虑国家意志与利益平衡的问题。因为高考设计的初衷是为国育才、为高校选人，这是毫无疑问的。但是它涉及几个利益群体，高校、高中、学生、学生家长，还有地方政府，所以在这几个利益群体的博弈当中，有很多的异化现象。其中有一个现象就是到目前为止，高校还没有认认真真地按照"三位一体"、专业优先的要求进行招生专业化运作和改革，还是用分数来解决问题。

第二，高考改革要考虑课业负担与课务安排的问题。学生一进入

 重构教育评价体系

高中,我们明显能感觉到他们的课业负担重了,尤其是学业成绩中等和中等偏下的学生。以某高中为例,新学年伊始,面向高一新生,进行社团纳新,以往全年级500多人中报名参加合唱团的有300多人,新高考以后只有100多人。问家长和学生,他们都说没时间。还有一个课务安排问题。每年4月选考结束以后,学生的备考科目只剩下语数英。这时的课务安排是一件相当棘手的事情。近两个月的高强度的备考训练,让语数英任课教师不堪重负!

第三,高考改革要考虑动力培植与平稳发展的问题。怎么能让我们的学校和教师感受到这场改革的积极意义?怎么能让每个参与者既能够贡献自己的智慧,又能够分享到改革的红利?遗憾的是,到目前为止我们还缺乏这方面的高位思考和完善的制度跟进。

第四,高考改革要考虑教师队伍与教育创新的问题。为顺应新高考的要求,我们的教师开始把更多的精力放在对课程和课本的研究上了,但是教师队伍缺乏一种整体性的变化。而就教育本身而言,更重要的是怎么通过新高考来引发我们回应和推进教育的创新与改革,用新高考的红利治愈我们传统应试教育的痼疾。

第五,高考改革要考虑高校角色与育人导向的问题。高校怎样选人?特别是通过"三位一体"这样的机制怎样让那些有灵性的孩子能飞的飞起来、会飞的飞得更高,让在同一片蓝天下的每一个孩子都能展翅翱翔。

总而言之,我深切地感受到新高考的确带来了许多新的趋势,但是它还在路上。谢谢大家!

王 烽

教育部教育发展研究中心综合部主任

 重构教育评价体系

高考改革：进展与调试

在座的有很多老领导、老朋友，这让我深感压力，讲错了欢迎大家指出来。我发言的题目是"高考改革：进展与调试"，共有三部分内容：一、进展与成效；二、冲击与振荡；三、建议与展望。

一、进展与成效

这次高考改革"条条的改革"就是教育部出台的四个文件，关于学业水平考试、综合素质评价、高考加分，还有高校自主招生的评价。

另外还有"块块的改革"，即选取了上海和浙江两个地方做综合试点，综合试点的高考改革主要围绕"两依据一参考"展开，"两依据一参考"里面最关键的是学业水平考试怎样纳入高考。

（一）上海和浙江的综合改革

经过2014年到2017年一轮的改革，我们看到了上海和浙江综合改革取得的成效。

第一，率先实践了新高考制度下的学业水平考试制度。

第二，探索推进了普通高中选课走班的改革。

第三，逐步取消了录取批次。上海取消的幅度更大，一、二、三本的录取批次全部取消。

第四，在本地高校探索了全国统考、学业水平考试、综合素质评价"三位一体"录取制度。

第五，这两个地方的高考改革，带动了全国高校近一半的专业在这两个地方招生提出选考科目的要求。

教育规划纲要对我国普通高中发展提出了"多样化、特色化"的新目标，但是我们一直找不到出路。这次的高考改革，可以说为高中阶段的学校办出特色、教育多元化提供了空间，推动了高校招生体制机制改革。这个推动就是让高校有意识和意愿去选择生源，对生源提出自己的要求，特别是科目要求，这个也是前所未有的。

同时促进了高中生学习选择和高校生源选择意识的觉醒，这对我们整个教育体系来讲是一个重大事件，深刻变革。原来高中生对专业不了解，对学校也不了解，填志愿大多数学生是瞎选、盲选，选高校专业瞎蒙。这个改革让高中生提前了解了高校、了解了专业。高校也是如此，在分批录取，"985""211"的光环笼罩下不考虑生源，反正考试分数高的会报我这里，这个改革就给了它压力。

还有高考改革在更大范围内推广，积累了宝贵的经验。去年4省市启动高考改革，今年8个省市启动高考改革，它们的改革在很大程度上是借鉴了上海跟浙江的经验，也吸取了它们的教训。

（二）暴露出的问题

刚才叶校长也讲了，高考改革，浙江作为试点，没出大的问题，没出颠覆性的问题,就算成功了。出了一些小的问题,中间再调整。

第一,选考安排太早,打乱了高中的教学秩序。学生还什么都不知道呢,马上就进入高考的状态,实际上迫使学生提前面对高考压力。

第二,计分的方式效果比较差。甚至有的学生故意重复参加考试把A占住,不让再重复考试的人获得更多的A。实际上这个设计,如果是两次考试的话,又有新的一部分人进入A,这个A的比例就会扩大。A的比例大了其他的比例就小了,这有点不科学了。所以这种制度设计,让学生重复参加考试的动机复杂化了。

第三,相对较难的科目选考学生少。比如说物理,浙江有一个学校,一共1 000多人考试,选考物理的不足100人,全是物理成绩特别好的,甚至是奥赛得奖的那些学生。其他的学生物理成绩再好,如果按这个比例算也有可能是D,进入"死亡之组"。

第四,高校按照专业提出选考科目要求的积极性不高。现在的高校,政府不赶着它,它不往前走,自己要什么学生不知道,不积极主动争取。我曾经在别的场合讲过世界一流大学是怎样招生的,以及它们招生的观念和方法。我们现在连那个观念都没有。有一半多的高校专业没提出选考科目要求。

(三)应对措施

第一,将学业水平选考科目考试时间适当后移。绝大多数科目放到高二以后和高三来考,就可以给高一、高二的学生们腾出一些时间来。

第二,减少选考科目次数,实行一年一考。多数地方是一年一考，当然浙江还是坚持考两次。减少无意义的重复考试。

第三，选考人数的科目实行"保底制"。65 000 人保底，不足 65 000 人，也按照 65 000 人来取 A，这就意味着如果只有 65 000 人考，这 65 000 人都有可能是 A。这种方式应该会管用的，但无疑还是顺着学生的投机心理做这个事情的。

第四，教育部发布《普通高校本科招生专业选考科目要求指引》，对高校招生专业选考科目提出指导。

比如说物理比较难，拿物理跟历史比，学生们都喜欢历史，能不能物理跟物理比，历史跟历史比呢？如果这样的话，你就用不着采取保底治理。同科目比意味着什么呢？意味着总分制就要被打破了。我们现在是总分加到一起的，全国统考的科目跟选考的科目加到一起作为一个总分来录取的。如果同一个学科比，总分就没有用了。这个总分没有用了，就意味着几乎所有的权利都会放到高校去。

二、冲击与振荡

（一）分权趋势明显

首先，高考的权利结构中分权特点明显，而且逐步扩大。减少高考加分意味着什么？高考加分的项目纳入综合素质评价，就意味着所谓的综合素质和加分项目管不管用，最终是学校说了算。现在没有高考加分了，意味着学校对这个所谓综合素质说了算了。这是一个。第二个，合并录取批次。上海一、二、三批次全合并，一本分数线没有

了，二本分数线没有了，只有一个本科分数线，也就是说招办划分数线的权力没有了。如果招办划分数线的权力没有了，每个学校或者每个专业就可以自己划分数线了.不排除学校之间还是可以比的，但是没有总的分数线，原来掌握在省招办手里的权力，通过这样的制度设计就转移到高校去了。

第二，统考区分度降低。原来理科的数学比文科的难，文科的语文比理科的难。还有各地的学业水平考试选考到底组考水平怎么样？高校能不能接受？我觉得高校是可以有自己的判断的。这就意味着统考在整个招生录取中的作用会打折扣，不像原来，我们完全依赖这个分数。有一些高校按照专业招生，这样，综合评价的权力就到了高校手中。

（二）高校须深化评价录取机制改革

第一，现在高校内部体制改革和能力建设已经迫在眉睫，许多高校选择意愿不强。这不是一个大学的做派。我们曾经到一些学校特别是一些好的高校去调研，当时部长带着去，说高校招生自主权给你，高校说我不要，我不敢，怕承担责任。

第二，过去依靠学校名气得以生存的弱势学科，比如传统文科大学里的工科（当时为了综合化，学校都要办成综合大学，上了很多学科，其实这些学科发展不起来，很弱势）。俗话说："是骡子是马，拉出来遛遛。"笼罩在高校名气的光环下，原来是那样的，现在拉出来，要跟全国同类型的学科去竞争，这层外衣就要被扒掉了。依靠统一招生批次划分获得优势的学校，将面临新规则的剧烈冲击。

第三，高校招生工作专业化、专门化程度必须提高。对于世界一流大学来说，招生都是全天候、全年的工作，会投入很多精力。我们目前的情况是，招办就那么几个人，招生的时候找一些系里的老师一选就完了，太简单化了。这样高校怎能选出世界一流的生源？拿现在的高考题来考那些申请我们高校的留学生是不可能的。他们要上我们的一流大学，需要什么样的标准？拿美国SAT录取行吗？你又觉得没有脸面，不能这样做。那我们怎么选呢？我们怎样将世界范围内的英才选到我们的学校里来，这是一流大学的第一个标准。我们的高考能不能选得过来？有人说北大、清华集中了全国最好的生源，未必，这些生源人家世界一流大学不一定要，因为录取标准不一样。

（三）高中亟须培养学生的选择能力

第一，普通高中需要选课走班，目前上海、浙江两地已经提供了可供借鉴的经验。我就去上海、浙江最好的学校去，不是这样的。如果是农村的学校，你去农村学校去看它们的学生是怎么选课走班的，你对好自己的级别。你的资源本身就不够，看最好的学校是干瞪眼。

第二，是全员还是部分学生，是全程还是部分学段，是全科还是部分科目实行选课走班？取决于学校的办学条件、师资条件和管理水平。

第三，增强学生对高校学科和专业报考要求的理解。这个作为高中自己是能做到的。

还有挖掘和培养学生的兴趣、特长并进行专业定向，开展职业生涯教育、建立学生选课选考制度。

三、建议与展望

（一）多道门槛招考分离

第一，1978年十一届三中全会的文件提出了招考分离，招考改革最终是体制改革，不是技术层面的。技术层面都好解决，不好解决的是体制层面的，是利益层面的。十八届三中全会讲了，招考分离是什么？学生考试多次选择，学校依法自主招生，专业机构评估组织实施，政府宏观管理，社会参与监督。它把各个主体的责任分得非常清楚，突出了选择性，也突出了学校的自主权，也就是招生和考试是分离的。考试是专业考试机构的事，招生是大学的事，政府要宏观管理，少管一些具体的事情，这就是招考分离。

第二，多道门槛，就是打破总分录取。总分录取不打破，我们为了一分而拼命这个局面永远改变不了。但是打破总分录取就意味着高校还必须增加它的自主权，高校必须回答我这样做怎么能让老百姓对我产生信任。权利到我这里老百姓就怀疑我，就到处作假，到处走后门，我高校怎么做才能平息老百姓的质疑。不要觉得这个社会没有诚信，高校首先诚信起来。做出样子来给老百姓看，给社会看，这也是高校的社会责任。

第三，建立信息化招生录取平台。尽量减少人为参与和干预，最大限度完成招生，而且是多种评价标准的招生。这个已经实验过了，技术上没有问题。让高校和学生直接见面，可以获得多张录取通知书，这个在技术上已经解决了。

（二）招教结合，教考分离

第一，比如说自主招生，你不是招有特长和有创新潜能的人吗？招上来的人是不是按照发挥特长和激发创新潜能这样的方式对他们进行培养了呢？高校要把招生跟培养模式结合起来，比如说不分专业招生，那我招的是什么样的人？采取什么样的办法？与分专业招生的办法、标准都是不一样的。

第二，自主招生，单独选拔，新模式培养。高考改革要跟人才培养模式改革结合起来。

第三，注重基本学习能力测试、专业潜力测试和综合素质测试。

教考分离是什么呢？尽量把高中阶段所学的课程跟高考内容，特别是跟统考内容有所区分，不要教什么考什么。原来我们要破除这个东西，好像一直破除不了。高中有自己的定位，为什么非得教什么考什么呢？

（三）放宽入口，扎紧出口

我刚才说的那些能不能解决我们竞争力不足的问题呢？还不能解决。今年教育部也有一个政策，讲的是基础教育阶段学死，到大学以后玩死。我们能不能宽进严出？所谓的宽进并不是高考的选拔标准宽了，而是有多种渠道可以进入一流大学，这样可以缓解高考的压力。同时把出口扎紧，不是进去以后就能毕业，就能拿到学位的。首先是体制的改革，最后到体系的改革，这是一个灵活的、多元的教育体系。

谢谢大家。

重构教育评价体系

文东茅

中国教育三十人论坛成员

北京大学社会科学学部副主任

中国教育发展战略学会副会长

扩大选择是高考改革的方向

大家好！我为大家汇报的题目是"扩大选择是高考改革的方向"。这个题目本来可以是一次愉快的畅想，不过我现在却感到非常沉重，因为今天浙江英语赋分事件被"刷屏"了：浙江省省长亲自牵头调查。我真为改革者担心，也为高考改革担心："扩大选择"还能是改革的方向吗？

一、扩大选择是高考改革的方向

1. 40年，前进了多少？

40年前，也就是改革开放之前，北京人冬天的蔬菜基本上只有大白菜。前几天我的一位学生从扶贫村回来告诉我，她和村民现在的蔬菜基本上还只是土豆加白菜。这就是贫困。社会发展的重要目标就是增加物质供给的数量、品种和质量。

40年前恢复高考时，考试的科目只有文科、理科两类，当然，在此基础上还有音乐、美术、体育等类别。但面对复杂多样的高校、学科、专业和更加复杂多样的考生能力、兴趣、基础、需求，这样的简

单分类显然是不够的。所以，这些年来高考改革，一直在尝试增加考试类别。

1988年上海正式实行高考"3+1"方案，语数外为统考科目，考生再在理化生史地政中选一门，实际上，就从文理两种选择变成了六种选择。这种方案沿用到了2014年。

1991年，湖南、海南、云南尝试将考试科目分为四个科目组，每组考四科，这个方案由于"个性太强，共性不足"，只用了一年就停止了。

1999年教育部推行"3+X"方案改革，各地实际执行的方案包括"3+1""3+2""3+文综/理综""3+大综合"等。但到目前为止，大多数省份还是只有文科（语数外+史地政）和理科（语数外+理化生）两种选项，与1978年相比，没有太大的变化。40年后还是土豆、白菜，就没有脱贫。40年后，我们高考改革给孩子们的选择脱贫了吗？

2. 新高考的突破

新高考的重要目标是增加选择性，在这方面可以说是一次真正的突破。其中在考试科目选择上，推行的是"3+3"，即语数外三科必考，另外从史地政理化生六科（浙江省的考试科目再加上信息技术，共七科）中选三科，这样，实际上，学生就有20或35种选项。这是一次非常重大的改变，实质性地提高了考生的选择性。根据浙江省对2014级学生的调查统计，选择传统理科组合（理化生）的学生只有12.51%，选择传统文科组合（史地政）的学生只有10.64%，也就意味着有接近77%的学生选择了文理综合的选考科目组合。

除了扩大考试科目选择之外，新高考还在以下多个方面扩大了考生的选择：

（1）增加考试机会。浙江省的方案规定选考、学考科目和外语都有两次考试机会，这将有效打破一次性考试的偶然性对学生成绩和前途的影响。

（2）考试时间的选择。浙江省的方案规定学考、选考科目一年两考，每次全科开考，意味着学生在高二、高三两年中可以根据自己的学习进程和需求在四次考试机会中自主选择最多两次考试机会。

（3）报考方式的选择。除了"裸考"，上大学的途径还有自主招生，"三位一体"或"综合评价"招生，西部、农村专项计划招生，艺术、体育特长生招生，学科竞赛保送等。

（4）考试类别的选择。对于普通高中学生，区分普通高校招生和高等职业院校招生。对于职业高中学生，也增加了高职院校单独招生考试的机会。

（5）报考院校和专业的选择权。在上海市、海南省的改革方案中，是按照"专业组"填报志愿，浙江省的方案是按照"专业+高校"填报志愿，考生最多可以填报80个志愿，大部分考生都觉得太多了。

3. 进一步扩大选择的空间

面向未来，还有哪些进一步扩大选择的可能？我认为空间还是非常大的，例如：

在考试科目选择上，能不能将外语甚至数学、语文都从必考改为选考科目？能不能将信息技术甚至音乐、美术、体育、健康等改为选

考科目？能不能区分文科数学和理科数学，甚至根据不同学科要求区分数学一、二、三、四？

在考试次数上，能不能所有科目都一年两考，进而四次、六次考试？甚至随时可以上机考试？

在招生录取方面，能不能做到考生同时填报多所院校、同时获得多个录取通知书？

从有利于考生选择和发展，或适应高校人才选拔的角度看，这些都是必要的甚至是迫切的。

二、扩大选择需要以能力建设为基础

以上的愿望看上去当然是很美好的，但为什么40年来我们朝这个方向前进得非常有限？为什么高考改革的步伐一再放缓呢？真实的原因是：真的不容易，因为高考改革是一项牵一发而动全身的工作。

以"3+3"为例，其目的就是促进学生"全面而有个性的发展"，但从文理分科到20种或35种组合，就不仅意味着选课走班，而是高中教育从"学科中心""教室中心"向"学生中心"的重大转型，进而是中学整个教育制度的根本性变革，还涉及不同组合成绩的比较、高校的招生录取等等。有很多问题是在高考试点落地之前难以想象的，其中一个问题就是物理学科选考人数下降，因为物理学科比较难、成绩好的学生扎堆，容易在等级赋分中吃亏。现在浙江已经出台了一系列保障措施，相信会产生较好的效果。

高考改革的另一个目标是"打破一考定终身",所以提出要一年两次或多次考试招生。这项工作从1999年启动,2000年以北京、上海、安徽为试点,2001年内蒙古加入,但2004—2006年,内蒙古、安徽和北京就相继退出,上海的春季高考也主要限于部分需要面试或综合评价的学科专业。而"一年两考"与"两次高考"在性质上完全不同,后者不仅在于增加一次出题、考试、阅卷、录取,这些都可以说是出钱、出力就可以解决的,而前者则要求两次考试之间分数的等值。最近闹得沸沸扬扬的浙江英语科目赋分问题就是两次考试难度不同,在事后采取赋分调整而引发的。在没有题库和前期测试的情况下,靠几位出题专家,要保证不同年份试题的难度(即平均得分)基本一致,而且每次考试都要出多套备用试题,真的很难很难。这次事件的教训可能是:必须提前规定,凡一个科目一年多考,都将采用转换分而不是原始分。但有太多的人都特别留恋"原始分",一个"标准分"的概念都不能被接受,可见我们对考试的认识有多么的"原始"。

高考改革的再一个目标是"打破唯分数论",因为分数只代表部分的通过考试体现的知识、能力,有很多知识、能力是难以通过标准化的笔试考核的,更不用说品德、兴趣、志向、创新、健康等等这些极其重要的品质。大家在原则上都同意打破"唯分数论",也就是说,不是不要分数,而是在高考分数的基础上,加入其他一些因素,这样的话,"技能型""创新型""品德型""个性化"人才才能得到认可,这也是更高层面的公平。保送、加分、自主招生、特长生招生都是打破唯分数论的尝试,但实践下来,基本上是"走一步,退半步",真是举

重构教育评价体系

步维艰。新高考提出"综合评价招生",如果要切实推进此项改革,就必须增加高校的招生投入、扩大招生队伍、提升招生人员的专业化水平和素质,至少要学会鉴别考生材料,要让面试更科学、更有效。

这也就要求进行考试招生领域的"供给侧改革",只有扩大供给能力,才能提供真正有效的供给。除了提升高校的招生能力,也要增加有关部门编制、扩大出题专家队伍、提升考试的科学性、探索基于计算机的标准化考试,等等,考场、监考、安保等条件也要一一配套。在高中,需要增加经费、扩大校舍、增加教师、培养能胜任多科目(如物理和信息技术)的教师等等。

很多人以为,高考改革只要有一批专家出一个"完美的方案",就可以一劳永逸。如果没有相应的能力建设,再好的方案也是纸上谈兵,甚至会引发各种混乱和不满。所以,在经过几次调查之后,我们在《中国高等教育》2015年第12期上发表过一篇文章《能力建设与高考改革同行》,呼吁加强能力建设,为高考改革保驾护航。因为深知高考改革的难度,我也于2016年8月在《浙江教育报》上发表了一篇文章《一定要善待高考改革》,呼吁认识高考改革之善,要善待改革者,给改革以时间,给改革以全方位的支持,只有这样,才是真正善待考生。从善待考生出发,从国家民族发展出发,高考改革再困难,也要坚定地走下去。当然,如果条件不成熟,我也非常赞成放缓改革推进速度(有困难省份可再推迟)、降低改革目标(如一年两考暂缓)、降低执行要求(如中学不必都提供20种学科组合选择)。

三、选择的扩大要求考生学会选择

随着供给能力的提升，一旦能提供多元化的选择，接下来必要而且迫切的工作就应该是引导需求，帮助学生学会选择。就如在大型超市，面对琳琅满目的商品，必须要有选择能力，否则，就会产生选择的迷茫。

新高考实施过程中，很多考生就经历了这种"甜蜜的痛苦"。例如参加高考还是高职考，选考科目怎么选，"裸考"还是参加"三位一体"招生考，何时参加选考科目考试，考一次还是考两次，报志愿时选大学还是选专业，等等。很多人因担心别人"田忌赛马"而痛苦，也有很多人因不想放弃任何一次考试机会而变得更加辛苦。

提高考生选择能力，需要中学以及社会各方面的大力支持和帮助。高中应该开设学业指导课，为每一位学生制订个性化的学习计划，并在课程开设、师资安排等方面创造条件；家长应该帮助孩子全面了解自己，培养孩子的判断能力、选择能力以及对选择后果的承受能力；高校有责任提供更全面、准确、及时的招生信息和咨询服务，为中学生了解大学的学科、专业提供尽可能便利的条件，等等。

除了外部的帮助，更重要的是考生要有自己选择的原则和标准。如果自己方向明确、价值清晰，即使面临再多的选择也不会迷失。两千多年前，孔子就提出"学以为己"，学习是为了提升自己、成就自己，是为了自己幸福美好的生活。所以，我给考生的建议就是"诚于我心，不违本意"：根据自己的学习能力、兴趣爱好、未来发展等选择

高考类别、考试科目、院校专业；根据自己的学习进度和对知识的掌握程度选择考试时间和次数。如果这样，就不要太注重其他人是否"田忌赛马"，如果喜欢物理，就果断选择，即使因此少得了几分，得到的是自己的兴趣、爱好和选择相关学科专业的机会；如果第一次考试已经正常发挥，就应该果断放弃第二次考试机会，集中精力准备剩下科目的考试，总分提高的可能性一定更大；如果志向明确，在志愿填报时就坚决填报，即使因此"浪费了分数"，换来的却是自己喜欢的学科专业和长远的发展，否则，即使上了名校、得到了虚名，随之而来的却是学非所长、学非所爱的长期痛苦。

选择是一生的功课，学会选择是一生的财富。希望所有考生在高考这一重大选择中学会选择，也顺祝所有来宾在这样一个复杂多变、充满诱惑的世界保持定力，学会"舍得"，幸福美满！谢谢。

项贤明

中国教育三十人论坛成员

南京师范大学教授

民进中央教育委员会副主任

 重构教育评价体系

教育评价中的"测不准原理"与我国高考改革

一、科学史上两只与黑白无关的猫

让我们从科学史上的两只猫说起（不要想多，这两只猫和黑白没啥关系，也从来没上过南昌八一大桥）：一只猫的主人，名字叫作薛定谔（Erwin Schrödinger，1887—1961）；另一只猫的主人，名字叫作桑代克（Edward Lee Thorndike，1874—1949）。这两人生活在差不多同一个时代，一前一后也就相差十多年时间。薛定谔的猫其实并不真实存在，是他在1935年想象出来的。他假定一只猫被密封在一个盒子里，盒子里有一个封装着剧毒物质（氰化物）的瓶子，瓶子上有一把没啥情怀的锤子，锤子由一个电子开关控制着，而电子开关又是由放射性原子控制着。如果原子衰变，释放出α粒子，就会触动开关，导致没情怀的锤子落下打破瓶子，这只可怜的猫就必死无疑。然而，我们不知道原子啥时候衰变。因此，在我们打开盒子之前，这只猫既可能是死的，同时又可能是活的。薛定谔用这只有点妖气的猫，来比喻微观世界物质存在的不确定性。桑代克的猫是真实的，虽然也有些可怜，但

志向远大。桑代克的猫出道比较早，1898年就和它的主人一起来到了美国哥伦比亚大学师范学院。桑代克没有逼他的猫像哈姆莱特那样面对生死抉择，但却让它饿着肚子，并且把它关进一只迷笼，笼子外面有香气诱"猫"的猫粮，猫可以通过按踏板、抓绳子等方法触动机关打开笼子逃出来并且吃到食物。刚开始，这只狂躁的猫毫无绅士风度，在笼子里乱抓乱挠，偶然触动机关打开了笼门……桑代克不断重复这个实验，发现猫开笼子的时间越来越短，到后来猫进了笼子即刻就会触动机关逃出来。于是，这位哥伦比亚大学师范学院的桑代克讲师向世界宣布：他的猫证明了学习的过程就是一个试误的过程。和薛定谔那只解释物质世界"不确定性"的猫不同，桑代克的猫从此把我们关于孩子学习行为的研究引向了一条"确定性"的不归路。我去中小学给教师们讲课，常问他们在班上见过几个孩子是像桑代克老师的猫那样学习的，他们稍微想一想，会立刻大笑起来。然而，在此之前，他们却对桑代克老师的这只猫绝对的科学指导意义深信不疑。他们以前显然一直深陷于对所谓科学的迷信之中。

在关于自然界之不确定性的研究道路上，薛定谔并不孤单。不同学科的众多科学家，譬如美国气象学家洛伦兹（Edward Norton Lorenz）的"蝴蝶效应"、俄国化学家贝洛索夫（Belousov）和扎鲍廷斯基（Zhabotinsky）的振荡反应，等等，都从不同角度证明了：这个复杂的宇宙充满了不确定性，上帝真的是在掷骰子。一个系统，一旦它的复杂性达到一定程度，就会出现自组织现象，这种自发的宏观有序现象大量存在于自然界之中，使我们面前的自然界变得捉摸不定。由洛伦

兹提出的"蝴蝶效应",其大意是:南美洲亚马孙河流域热带雨林中的一只蝴蝶,偶尔扇动几下翅膀,可能在两周以后引起美国得克萨斯州的一场龙卷风。因此,薛定谔脑子里面的那只猫很了不起,它让科学家们在自然界的复杂性面前保持低调,承认在很多情况下只能以统计概率的方式来描述自然界捉摸不定的运动规律。沃纳·卡尔·海森堡(Werner Karl Heisenberg,1901—1976)用哲学的语言表述了对自然界这种不确定性的理解:"在因果律的陈述中,即'若确切地知道现在,就能预见未来',所得出的并不是结论,而是前提。我们不能知道现在的所有细节,是一种原则性的事情。"在这里,牛顿时代必然的因果律失去了普遍有效性,一个绝对必然的宇宙崩塌了,代之而起的是充满不确定性的概率宇宙。海森堡把科学对客观世界这种不确定性的认识,称作"测不准原理",或译作"不确定性原理"(Uncertainty Principle)。

让我们从自然界不确定性的视角来反观人类自身,在这个世界上所有复杂的系统中,最为复杂的莫过于人自身。人的复杂程度使其不仅表现出自然界大量存在的自组织现象,譬如胚胎发育过程等,而且这种自组织特性进一步升级,变成了人的自主性,或者用哲学的概念称之为"主体性"。人类的自由意志决定了我们无法从第三者的视角来确定性地把握另一个或一群人的发展变化。主体性,使得"人"成了上帝掷出的最为捉摸不定的骰子。我们甚至连某个人在未来五分钟内是否还坐在那把椅子上都无法做出确定性的预测,因为决定我们的预测是否准确的决定性因素,不是我们对那个人看似科学的客观观察,而是取决于那个人自己,取决于他的自由意志。

然而，桑代克迷笼里那只狂躁的猫可没薛定谔想象的那只猫那么安分。桑代克老师的那只著名的猫，以一种科学的僭妄，不断地挑战人类的自由与尊严，把心理学和教育学的研究日益引向确定性的道路。

二、教育评价中的科学迷信

桑代克老师的猫毕竟出道更早，而且身处哥大名校，所以比当时随着薛定谔离开德国流浪的那只猫要牛气很多。桑代克老师从他这只了不起的猫身上，发现了一系列有关我们学习行为的科学定律，诸如练习律、效果律等等。几乎每一个师范毕业生都对这些关于学习的科学定律耳熟能详。人类的学习，在伟大的"行为科学"面前，从此变得确定无疑。沿着这条道路，桑代克老师的后继者们勇敢前进，不断提出了一系列关于人类学习的伟大发现。譬如美国心理学家约翰·布鲁德斯·华生（John Broadus Watson，1878—1958）曾夸海口，说："如果给我一打强健而没有缺陷的婴儿，让我放在我自己的特殊世界中教养，我将保证从中随机抽取任何一个孩子，都可以培养成我所选择的任何一类专家……"他之所以敢这样夸海口，是他坚信：行为科学的研究，确定无疑地发现了人类学习的规律，而照规律办事就一定能成功。到了新行为主义领袖人物斯金纳（1904—1990）那里，这类科学狂言被推上了哲学高度。1971年，斯金纳在他的《超越自由与尊严》一书中明确提出："对人类行为的实验分析必将使自主人丧失我们以前所赋予他的所有功能，并把他们一个一个地转移到控制性环境上。"斯金纳在这里直截了当地否认了人的自由意志和自主性,他称之为对自由和尊严的超越。科学的威望,被置于人类的自由和尊严之上了。丧失了自由和尊严的人,连自然界一般事物中到处都存在的不确定性都不配享有,一切都在所谓行为科学的掌握之中。

　　这类关于人的学习和发展的确定性思路,给教育领域带来了一系列的科学迷信,其中也包括教育评价领域里的科学迷信。让我们用一个生活中最常见的例子,来通俗地解释和揭穿这类科学迷信:科学小学的一名学生叫小丫,她在本次数学期末考试中考了100分。这一事实马上会让我们想到:小丫是个优秀的学生,有数学天赋,将来很有可能成为一名数学家,等等。真的是这样吗?对于一个人的学习,我们

小丫数学100分

常常从"知、情、意、行"四个主要方面谈起,那么,这张100分的试卷,在"情"的方面真的能说明小丫喜欢学数学吗?不一定!那么在"意"的方面能说明小丫想长大了当数学家吗?更不一定!在"行"的方面能说明小丫努力学习了数学吧?也不一定。那么,这张100分的数学试卷,至少能在"知"的方面说明小丫的确很好地学会了数学知识吗?还是不一定。"瞎猫碰上死老鼠",正好考题都是小丫会的,小丫不会的正好都没考,也不是没有可能的。你看,稍微理性地思考一下,我们很容易就能发现,一张试卷所能测量的,实际上是十分有限

的。但我们在平时生活中常常对考试的所谓测量效度深信不疑,即便是高考这样一类对个人命运有重大影响的考试也不例外。

在教育领域,科学迷信可谓比比皆是,其中最为神话的就是智力测验了。做完一套被十分科学地称作"量表"的试卷(难得一见的"量表",听上去似乎要比常见的"卷子"科学很多,其实差别没那么大),科学家就可以准确地测量出你到底有多聪明,或者你到底有多愚蠢。不知道有多少痴迷于小蚂蚁、醉心于星空,长大想当动物学家和天文学家的孩子,在科学的智力测验面前变得绝望。然而,科学家中敢于讲实话的总是大有人在。哈佛大学有一位犹太裔科学家,叫斯蒂芬·杰伊·古尔德(Stephen Jay Gould,1941—2002),他曾写过一本书《人类的误测(The Mismeasure of Man)》,并在书中对这类看似科学的测量进行了一些令科学同行生厌的批判。还有一位叫作斯蒂芬·默克多(Stephen Murdoch)的,是《华盛顿邮报》等著名媒体的自由撰稿人,曾写过一本书《智商:一个失败理念的光鲜历史(IQ: A Smart History of a Failed Idea)》,也把智力测验这一看似科学的辉煌历史兜了个底朝天。这两本书都已有中译本,尽管其中有些翻译问题有待商榷,但是读一读这些书,比听我在这里用有限的文字来说明要好得多。

在诸多影响这类看似科学的人类测量可信度的因素中,最强大、最捉摸不定的因素,就是人的自主性,或者说就是人的自由意志。面对某个人交上来的心理量表,我们不可能直接看见这个人的内心,因而也就永远无法确定无疑地知道:这个人是不是故意做错某些题目,甚至是不是故意胡乱回答了所有题目。行为主义坚信通过行为观察可

 重构教育评价体系

以推知人的内在意识,却忘记了这些行为完全有可能是人伪装出来的。人不是猫,即便是桑代克老师的那只猫,也绝对无法和人一样,特别是无法拥有人的主体性,无法像同样作为所谓"被试"的人那样来对待测试者。这些关于人的测量,根本没有桑代克、华生、斯蒂芬等等坚信的那样确定无疑。这种确信,其实只不过是一种科学迷信。

我说这些东西是教育领域的"科学迷信",并不是说这些都是假的、不科学的,而是说它们其实没有想象的那么科学,至少不是绝对可靠的科学。认识到这些东西是一种科学迷信,主要目的不是要否定它们,而是要提醒大家小心提防这些看似科学的东西对我们的伤害。

教育测量的科学迷信对我们的伤害是实实在在的,这些伤害发生在我们众多的日常教育教学活动中,常常使我们将教育错误地降格为简单的训练,进而将洗脑的成功,错误地当成了教育的成功。其中伤害面最大、对社会影响最深的,可以数得上我们伟大的高考了。

三、高考改革如何走出"迷笼"?

行为主义之科学迷信所危害的不仅是咱中国人,而且还包括它的故乡以及受到它影响的其他地方的人。然而,到了中国,桑代克那只披着科学之皮的猫,遇到了另一种文化,这种文化就是我们老祖宗传下来的、曾经先进过的"科举文化"(说它"曾经"先进,意味着我们必须清醒地认识到它如今早已落后。咱不能因为"祖上阔过",而在21世纪仍然安贫乐"道",天天逢人便乐"道"那祖上曾经的辉煌)。科

举文化让桑代克老师的那只猫附身于我们举世无匹的高考,一下子如虎添翼,所向披靡。因为它通过这种文化获得了最为深入广泛的群众基础。在这种传统加科学的双重影响下,我们完全忘记了:科学的测不准原理,最适用的莫过于人。

看见这块"钦点状元及第"的金字匾,相信绝大多数人都会有一种仰慕之情从内心深处油然而生。这就是一种文化的影响力,它在我们的大脑里、肌肉里、血液里、骨骼里,不知不觉中影响着我们的思想意识和行为举止。一群有着考神崇拜传统的人,面对身披科学霞光的各类从发达国家引进的考试,无论你是传统派还是现代派,是自由主义者还是"新左派",是世界主义者还是民族主义者,对这些有科学撑腰的新考试择优的作用,都会深信不疑。于是,一种迷信,科学的迷信,在神州游荡……这片神州大地,有着1 300多年的科举制历史,直到100多年前的光绪三十一年(1905年),才废弃了这种考试制度,因而科举文化在这片土地上至今依然有着很强的生命力。以高考为例，在社会心理层面，我们能看到受到大众热捧的"高考状元"，看到广泛存在的考前去文庙祭拜孔子的现象，等等；在学校教育实践层面，我们看到死记硬背的学习方法和各类应试教育大行其道，看到高考范文秘笈之类的八股泛滥；在制度层面，我们看到的是和科举制度如出一辙的"一考定终身"的人才选拔模式。这里说的"一考定终身"，说的是只靠考试这"一种"东西来定终身，并不是像某些人相信的那样，认为"多考"几次就能解决问题（当年的范进们参加高考的次数一点不比今天的孩子们少，甚至穷其一生只为考试者也大有人在）。更重要的是，改革者们所谓的"顶层设计"常常也深受这种科举文化的浸染，甚至有时还会直接运用科举的历史经验来指导今天的高考改革。于是，我们的高考改革就变得像桑代克老师的那只猫一样，在改革的迷笼里焦躁不安地乱抓乱挠，不停地改革来改革去，今年"三加二"，明年"二加三"，结果还是换汤不换药。

　　高考的科举文化特征，已经使其成为我们国家基础教育改革最大的拦路虎，成为我们提升国家创新能力的绊脚石。对考试的科学迷信，使我们坚信"一考定终身"这种最不科学也最不公平的人才选拔模式的科学性和公平性，以至于民众只相信这"一考"，觉得其他考核方式都会引发腐败和不公。实际上，公平与否，关键在有没有公开透明和公正监督。如果没有公开透明和公正监督，那就连最简单的抓阄都有作弊的空间。高考的科举文化特征，以及由此带来的"应试教育"模式，已经成了我们教育领域亟待根除的顽疾，而这一文化特征，在高考的制度层面，又集中表现为"一考定终身"。因此，高考改革，最重要的功夫恰在考试之外，即必须打破"一考定终身"的选才模式，高考改革才有希望逃出"迷笼"。

关于高考改革的具体思路及其论证，我会在即将发表的《改革开放40年我国高考改革的回顾与反思》（学术期刊论文）一文中详细论述，这里只简要概述几条建议。在我看来，高考改革要逃出"迷笼"，首先要破除对考试的科学迷信，打破以此迷信为基础的"一考定终身"模式的桎梏，尽快将我国高考改革的工作重点从考试改革转向高校录取制度改革，建立长时段、多方位的综合评价体系，在较长时间里根据多种因素来综合地考查和选拔人才。最可能有效地实现这种综合选才模式的方式就是网络，因此，教育部应当进一步扩大升级中国教育考试网，使之成为一个全国统一的普通高等学校自主招生录取平台。所有普通高校都应当在这个网络平台上公布本校不同专业的具体录取要求和录取方案，譬如本校物理系要求数学、物理必须考很高的分，但语文、历史等只要通过高中学业水平考试就行；艺术系要求本行当的艺术水平考试、语文和历史等考试的分数都比较高，但数理化则通过高中学业水平考试就行……考生可以根据自己的兴趣和志向等，在平台上将自己的学业档案投给相关院校，相关院校必须在一定期限内反馈录取结果。所有报考、录取过程，包括学生在中小学的学习档案形成过程，都要记录在案，接受监督。

有人会问，这样一来，那些平时学习不好的学生不就没有向社会上层流动的机会了？我们必须承认，不是每个人都能成为数学家、科学家，所以，关键不在于我们如何才能让这个国家人人都成为数学家、科学家，而是要通过社会改革来调整阶层利益，让那些没有成为数学家和科学家的人，也可以体面地在这个社会上生活。还有更多的人会怀疑这种不唯考试分数是举的录取制度的公正性。实际上，正如前文所述，公平与否并不取决于是否以考试分数为唯一录取标准，而在于是否公开透明和公正监督。没有监督，什么样的高考录取制度都会滋生腐败，只不过您"眼不见，心不烦"而已。在这个公开透明的高校招生录取网络平台上，一切都记录在案。亿万网友比高压电还厉害的目光盯着，一旦有人胆敢以身试"网"，监督的"锤子"必定落下，腐败之"猫"必死无疑。就中国社会的现状来看，我个人觉得，网络监督有可能成为最为有效的监督，只要我们敢于将监督的权力公开透明地交给亿万网友。对此我是确信的，至于这个认识是否是迷信，我想网友们可以给出答案。

　　总而言之，人是世界上最复杂的存在物，因此，测不准原理在教育测量中是普遍存在的。仅靠单一的考试来选拔人才，不仅是靠不住的，也是不公平的。我们亟待建立一个公开透明、有公正监督的人才综合考核和选拔体系。改革！改革！改革！我们仍须不忘初心，砥砺前行！

新高考得与失

张志勇

中国教育三十人论坛成员
山东省教育厅巡视员

重构教育评价体系

基础教育视角下的高考综合改革

我们换一个视角,从基础教育视角看高考综合改革。下面,针对高考综合改革的价值、支柱、路径等,进行详细阐述。

一、高考综合改革的五个价值

高考作为教育的一个指挥棒,对基础教育起着重大导向作用。目前的高考招生制度必须改革,才能真正实现学生成长、国家选才、社会公平的有机统一。

第一,我们希望高考促进每个学生全面而有个性的发展。现在大家把高考改革聚焦在选择性方面,忽略了全面、共同基础,这是非常危险的。

第二,高考制度应该为每个孩子提供适合的升学通道。今天的高考综合改革已经不是40年前的恢复高考,我们应该为每个孩子提供适合的升学通道。我在2018年高考成绩公布之后写过一篇文章,在高考季、出分季,应该让每个孩子都成为成功者,而不仅仅是一部分孩子是成功者,其他都是失败者。

第三，打通高中与大学的人才培养体系。过去高中和大学有什么关系？学生在进入一所大学时往往没做过什么准备，也没有研究方法和研究能力的准备，只是分数够了而已。今天，我们的高考制度改革应该打通高中和大学的人才培养体系。

怎么打通这个体系呢？我认为要通过建立在"必修"之上的选择性学习。选择性学习解决三个问题：首先，满足学生的个人兴趣；其次，学生可以为学习专业做好准备；最后，通过研究性学习，打下专业素养的基础、掌握科学研究的方法。高考改革要打通高中和大学的人才培养体系，这个问题不能解决的话，高考的改革意义在哪里？

第四，给高中和高校办学自主权。高考改革要给高中什么样的办学自主权？给高校什么样的办学自主权？这两个问题是高考改革的重点，如果我们的高中和大学没有了办学的自主权和人才培养体系，人才培养的活力从哪里来？

第五，促进高中阶段教育和高等教育的健康发展。如果不能促进高等教育的健康发展和高等教育人才培养体系的健康发展，就不是好的高考制度。

二、考综合改革的六根支柱

高考综合改革要关注六个支柱，即高中学业水平考试、综合素质评价、高考内容改革、高校分专业（类）选科、分类考试、综合评价招生。

下图是我整理的高考综合改革图谱：

高考综合改革图谱

高中教育任务： 促进学生全面而有个性的发展
高中教育课程制度： 必修+选择性必修+选修
高中教育质量评价： 必修必考+选修选考
高校人才选拔机制： 两依据一参考[做题（见分）+做事（见人）]
高考综合改革三个价值取向——
促进公平： 完善招生计划分配办法、清理各种加分项目、农村专项、东西部省份协作计划……
以人为本： 分类招生、等级性考试、多次考试、合并录取批次、专业+学校志愿填报、一档多投……
科学选才： 两依据一参考、自主招生、综合评价招生

下面介绍一下高考综合改革的六个支柱。

第一，高中学业水平考试。我们把高中学业水平考试分成了合格性考试和等级性考试。合格性考试是要解决高中必修课程的修习质量问题，合格性考试是选择性考试的一个基础。合格性考试成绩一是直接关系到高中生能否顺利毕业，二是高校新生的文化程度证明，一考两用。

我们现在的学业水平考试面临重大挑战。如果合格性考试没有回到高中学生应该达到的水平，那么中国教育的危险巨大。这种危险在于学生的科学精神和科学素养的缺失。

第二，高中学生综合素质评价制度。我们试图从唯分数论中解放出来，综合素质评价要完善。这是这次高考综合改革制度的又一重要支柱。高中学生综合素质评价成果进入高考录取体系的依据是什么？客观、公正是前提，可用、能用是关键。

第三，考试内容的改革。考试内容的改革最关键的是用考试命题能力的提高来对抗"刷题"的行为。考试内容改革的方向是"去考纲、依课标"。我们要回到国家高中课程标准的范围内，而不能搞一个小课标，因为现在的考试大纲就像是缩小版的课程标准，即便是高一的时候也没有人看课标，而是直接按照考纲教学。

第四，高校选考。我在山东分管教育招生考试院制定高考政策。作为第二批高考综合改革试点省份，山东是怎么制订高考改革方案的呢？在高考改革中，浙江出现物理学科报考人数大幅度下降的局面，为什么会出现这个局面？第一，是一年两考带来的投机空间；第二，是选科制度有漏洞。高校要根据专业人才培养要求及对学生学科专业基础的需要，科学合理设定选考科目。

山东作为第二批试点省份进行高考改革时，我们强烈建议高校必须确定相关学科的基础到底是一门还是两门，是物理，还是化学。例如要报考材料学专业必须有物理、化学基础，否则就不能报考。有了这样的设置之后，就能回到学生根据兴趣选择学科、根据学科报考专业的轨道上来，这种匹配是最关键的。有了这样的设置，选课走班的问题迎刃而解。

经过这样的转变，山东学生选择物理科目学习的学生超过了40%。为什么山东物理选科情况比较理想，实现了选科制度的平稳过渡呢？是因为我们给每个高中讲明白了四点：第一，告诉学校每个高校需要高考物理成绩的专业；第二，告诉学校学生选的科目组合能报哪些学校、多少专业；第三，告诉学校山东省近三年每一个理科专业的录取

情况；第四，告诉学校理工科专业就业的优势在哪里。

我们用这四个优势告诉学校学生选物理不吃亏，选物理有更多的专业可以选择，有更多的竞争机会。我们要把这些信息告诉学校、学生和家长。

第五，分类考试是这次高考改革的重大制度设计。这次高考改革有一个重大的制度设计就是推进本科与专科分类招生。这一制度设计的重大价值是什么？山东省高考分为春季高考与夏季高考两类，春季高考以高职（高专）招生为主，夏季高考以本科高校招生为主。

第六，多元录取制度。这次高考改革的重要价值取向，就是要打破唯分数论，推选综合评价、多元录取制度。这一改革的基本制度就是高中学生综合素质评价制度。高校招生如何使用高中学生综合素质评价成果？好学校、好专业采取综合评价招生。

山东省"四位一体"的综合评价招生模式：考生综合成绩由夏季高考语文、数学、外语科目考试成绩，高中学业水平等级考试成绩，高校考核成绩(含笔试、面试等)和高中学生综合素质评价成绩等按比例形成。其中夏季高考语文、数学、外语科目考试成绩和高中学业水平等级考试成绩占比原则上不低于50%；高中学生综合素质评价遵循"谁招生、谁评价"原则，由招生高校组织专家采取集体评议的方式，依据学生综合素质信息和报考专业的相关性进行赋分。

招生高校以考生综合成绩为基础，对学生个人的特长、能力、高中阶段学习表现以及综合素质评价信息等进行重点考核和综合测评，将学生的过程性表现和标志性成果作为考核和测评的重要内容，择优录取考生。

三、深化高考改革的七个路径

第一，把合格性考试作为高考综合改革的基石。高考的基石不能破坏掉。

第二，让综合素质评价回归课程体系。综合素质评价成果从哪里来？不要到课程之外找。我想告诉大家，开展研究性学习。你把研究性学习开展好了，综合素质不就提升了吗？

第三，把高校推向改革的主战场。高中动起来了，高校要赶快动起来。

第四，两头放开，中间统筹。中间这一块的普通本科的招生要坚持它的集中高效、统一录取制度。

第五，深化高校招生章程改革。高校必须清楚地说明每个专业需要什么样的人，报考这一专业需要哪些基础学科和研究性学习项目，高校讲清楚了高中就好办了。

第六，积极稳妥地推进综合评价招生改革。

第七，深化高校招生体制改革。深化高校招生体制改革要进行四个方面的重大变革：首先，学校招生委员会负责政策制定；其次，高校招生委员会的办公室组织实施；再次，院系专家是招生录取的主体；最后，高校招生监督委员进行政策监督。

谢谢大家！

学生负担与能力培养

重构教育评价体系

张志勇

中国教育三十人论坛成员

山东省教育厅巡视员

2018年中小学生减负调查报告

大家下午好!

我代表中国教育三十人论坛学术委员会发布《2018年中小学生减负调查报告》。

解决中小学生课业负担过重问题,是我们国家公共教育政策面临的一个重大挑战。中小学生课业负担过重的问题是中国教育中最典型的"老大难"问题。说它是个"老"问题,是因为从20世纪50年代开始我们国家领导人就强调要减轻学生的负担;说它是个"大"问题,是因为它涉及每个孩子的健康成长,涉及国民素质,涉及我们国家的教育现代化发展;说它是个"难"题,是因为它是中国教育现代化进程中的一个顽疾,可以说是屡治不爽。

不能不说,减负问题之所以成为"老大难"问题,与整个社会至今没有找到中小学生课业负担过重的根本症结有关。我们认为,寻找中小学生课业负担过重的根子和治本之策必须要正本清源。

中国教育三十人论坛作为民间教育智库,我们高度重视中小学生课业负担过重问题。我们先后召开过小型的各方面人士参加的座谈会,还与科技教育网一起发起了网上调查,邀请中国基础教育质量监

测协同创新中心北京师范大学总中心的专家,来共同研究中小学生课业负担过重的现状和治理对策。

今天向大家汇报四个问题:一、基本认识;二、调查与发现;三、家长的关注与期盼;四、治理的路径与对策。

一、基本认识

在学习中,学生不可能没有负担,中小学生的课业负担是一个客观的存在。我们讲适宜的、有意义的课业负担,是保障学生和促进学生健康成长的必要条件。但是过重的课业负担对学生个人、对青少年一代的健康成长、对民族素质和国民创造力,都会带来严重的负面影响。

(一)判断学生课业负担是否过重的标准有四个

1. 价值判断:这个课业负担本身是不是危害了学生的身心健康。

2. 科学判断:违背教育规律和教育科学的课业负担,我们认为是过重的。

3. 制度判断:超出了国家课程标准、课程规定的一些课业负担。

4. 法律判断:我们国家对学生的作业也好、作息时间也好是有法律规定的,超出了国家法律法规规定的课业负担就是过重的负担。

(二)中小学生课业负担过重的表现,归结为三个方面

1. 课程学习的负担重;

2. 校外学习的负担重;

3．学生的心理负担重。

（三）中小学生课业负担过重的地域分布和阶层，正在从大中城市、中产阶级向中小城市（县城）、工薪阶层蔓延

（四）中小学生课业负担过重的危害，有四个方面

1．严重危害学生的身心健康发展；

2．严重影响国民素质；

3．严重冲击正规学校的教育，导致学校教育被校外教育绑架；

4．给许多家庭带来了沉重的教育负担和经济负担。

（五）导致中小学生课业负担过重的原因

我们认为这个原因是复杂的、系统的、整体的，可以概括为以下十点：

1．片面的教育政绩观；

2．阶层流动的压力；

3．恶性的教育和升学竞争；

4．中国人的攀比心理；

5．扭曲的教育价值观；

6．教育科学精神的缺失；

7．学校教育与家庭教育的失效；

8．课业负担说到底是一个教育质量问题；

9．教育评价制度的不科学；

10．政府教育治理在某些方面存在着失灵的现象。

（六）对于减负问题认识的三个误区

1. 减负有害论。"减负对我的孩子升学是有害的,你不要给我说这个。"

2. 减负不可行论。"几十年了学生的课业负担没降下来,这个事不可以做,做不了。"

3. 减负是伪命题。"减负本身就是错误的,是一个伪命题。"

通过减负问题认识的三个误区,我们看到当前全社会对减轻学生过重课业负担的认识还是相当混乱的,也是长期以来减负工作难以取得应有进展的重要原因。

(七)科学认识解决中小学生课业负担过重问题的本质

1. 我们要站在国家和民族利益的高度来看问题。必须从国家整体利益、从保护每个公民健康发展角度来看中国的公共教育政策。

2. 要从促进每个孩子健康成长和人才培养的高度来看问题。给学生减负最重要的目的,是为了保护青少年健康成长,是为了更好培养人才。

3. 要从国家公共教育治理的角度来看学生减负。

我国中小学生的课业负担问题,既是一个重大的国家公共教育治理问题,也是一个促进我国中小学教育现代化的问题。

减轻学生过重的课业负担,是解决教育公平与效率、完善公共教育资源的配置问题;是维护和满足每个家庭的教育权益,全面提高公共教育的质量问题;是推进教育现代化,建设教育强国的公共教育政策问题。

二、调查与发现

（一）学生总体课业负担的状况

我们把学生的课业负担，以家长的感知分成了三个程度：比较轻的（不重的），比较重的，非常重的。就小学生的课业负担来讲，39.49%的家长认为是非常重的，所以总体来讲，家长们认为小学生的课业负担已经达到非常重的接近40%，这是我们的一个调查结论。

（二）学生的睡眠状况

大家都知道，睡眠是维持人的正常生理功能的必需，只有睡眠充足，孩子才能有健康的身体和饱满的精力，所以充足的睡眠对孩子是尤为重要的。

我们按照家长对孩子睡眠状况的认识分为：1. 每天孩子能够睡到自然醒；2. 每天孩子由闹钟或者他人来叫醒。调查数据显示，总体来讲，我们的小学生真正能够睡到自然醒的已经不到25%了，由闹钟或者他人来叫醒才能起床的小学生已经达到了76.01%，其中睡眠时间在8小时以下，由闹钟或者他人叫醒的小学生的比例达到了29.26%。

调查数据显示，睡眠时间在8个小时以下、由他人或者闹钟叫醒的小学生中，一年级的孩子竟然达到了18.56%。六年级的孩子达到了39.50%。可见我们的孩子的睡眠是严重不足的。

2012—2017年另外一个城市八年级学生的睡眠状况调查数据显示，睡眠时间能达到9个小时的八年级学生已经不到5%。八年级的学生中不能够睡到7个小时的占50%左右。

在教育部出台"减负令"的背景下，国家在义务教育的管理标准中强调，小学生每天要确保10个小时的睡眠时间。2015年英国国家睡眠基金会根据研究结果建议，6~13岁的孩子每天要睡9~11个小时。美国的儿科学会于2014年8月，要求学校保证学生每天要有8.5~9.5个小时的睡眠时间。当下我国很多小学生是达不到这样的睡眠时间标准的。

（三）学生参加辅导班和作业的状况

某市调查数据显示，小学生没有参加辅导班的比例是38%，报辅导班的比例达到了62%。

某市四年级学生2012—2017年作业状况调查数据显示，四年级学生在1个小时以内能够完成作业的比例从2014年的高点58.7%已经下降到2017年的36.2%，意味着学生的课业负担是越来越重了。

某市四年级学生2012—2017年作业状况调查数据显示，四年级学生在3个小时以上完成作业的比例，2015年达到了17.1%，到2017年为11.8%，这个比例也是逐步下降的。

某市八年级学生2012—2017年作业状况调查数据显示，八年级学生在2个小时以内完成作业的比例。2014年达到最高点，就是2个小时以内能完成作业的人数占58.8%，到了2015年稍有下降，到2017年是43.6%。但是八年级学生在3个小时以上完成作业的比例，从2012年来看，呈现增长的趋势。由此可知，随着时间的变化，学生的学业负担是逐渐增加的。

（四）小学生课业负担过重的成因分析

导致学生课业负担过重的原因到底是什么？调查数据显示，占比最大的是升学压力、家长焦虑。从家长的角度看，到底是什么导致学生课业负担过重呢？调查数据显示，55.34%的家长认为是升学压力过大，32.58%的家长认为是学校教育质量不高，23.21%的家长认为是考试指挥棒的作用，21.82%的家长认为是培训机构推波助澜，12.70%的家长认为是学校课程设置不合理，还有在线教育产品选择不合理，没有很好的助力减负，等等。调查数据显示，校外教育机构在加重学生课业负担方面占了接近33%的比例。我特别想跟大家说的是，我们把升学的压力已经传导到了小学，它离中考和高考还很远。中国教育堪忧！是不是现在要传递到幼儿园了？要传递到入园前的幼儿了？

（五）充足的睡眠有利于提高学生的学业成绩

山东省的高中教育质量监测结果显示，睡眠时间达到8~9个小时的高中生，他们的教育质量是最高的，学业成绩是最好的，达到542.44分。

这告诉我们什么呢？我们在看这样一个趋势图的时候做一点分析，学生的睡眠时间与学业成绩有正相关的关系，但睡眠时间对学生学业成绩的影响不是单纯的线性关系，呈现了倒U形曲线形状，就是睡眠时间在8~9个小时的学生的成绩是最好的。家庭经济背景相当的学生，每天睡眠时间少于5个小时和每天睡眠时间在8~9个小时的孩子的成绩相差49.5个标准分，睡眠时间少于5个小时的学生，相当于少接受了近三个学期的教育。家庭背景相当的学生，每天睡眠5~6个小时的学生比每天睡眠8~9个小时的学生成绩低了27.83个标准分，相当于少接受了近一年的教育。家庭经济背景相当的学生，每天睡眠6~7个小时的学生比每天睡眠8~9个小时的学生成绩低了10.73个标准分，相当于少接受了半个学期多的教育。

（六）合理的作业时长有利于提升学习的效果

国内外的研究和2017年山东省高中教育质量评价的结果都证明了这样一个观点，高中学生每天有3~4个小时的作业时长，此时的学业质量是最高的，为539.69分。可以看出作业时长对学生的学业成绩的影响也非单纯的线性关系，而是呈现了倒U形的曲线形状。所以我们说适当的作业有助于提高学生的学业成绩，每天的作业在3~4个小时的学生的学业成绩最好。学生的作业时间再增加1个小时，增加到4~5个小时，学生的学业质量不但没有提高，反而呈下降趋势。

（七）增加1小时睡眠，减少1小时作业，学生表现更好

睡眠增加1个小时，作业减少1个小时，调查数据显示，每个学生各方面都呈现着改善的状态，无论是他的品德行为、艺术兴趣、体育兴趣、学习兴趣、主观幸福感、师生关系、亲子关系、公益活动的参与、研究性学习的参加、社团的参与都是呈改善状况的。

所以这样一个调查告诉我们，在睡眠增加1个小时、作业减少1个小时的情况下，无论是成绩排在前25%的学生，还是成绩排在后25%的学生，其品德行为、艺术兴趣、体育兴趣、学习兴趣、主观幸福感、师生关系、亲子关系、公益活动的参与、研究性学习的参加、社团的参与都明显高于睡眠减少1个小时、作业增加1个小时的学生的情况。

（八）不参加课余补习不影响成绩的提升

调查数据显示，参加了学校统一组织补习的学生的学业成绩为529.83分，未参加学校统一组织补习的学生的学业成绩为526.06分，仅仅差了很少的一点成绩，在3分左右。对于校外补习，没有参加的孩子，学业成绩反而更高，为530.61分，参加了的为520.12分。

三、家长的关注与期盼

（一）家长对减负政策了解的整体情况

对减负政策不了解的家长约占52.0%，对减负政策存在模糊认识的家长约占25.6%，了解减负政策的家长约占22.4%。从不同学历层次的家长对减负政策的了解情况来看，学历层次硕士及以上的，对减负政策的了解比例是最高的，可见家长的学历越高对教育越关注。

（二）家长了解减负政策与孩子发展的关系

了解减负政策的家长，认为孩子的学业负担应该减轻。也许他们对教育更理性，更加尊重教育的规律。而且家长越了解减负政策，孩子的学习成绩越好。

（三）家长对减负政策支持的情况与效果认识分析

调查数据显示，大多数家长是支持减轻学生过重课业负担的，达到46.06%；29.04%的家长支持"减负"，但为了孩子考试、升学可以接受现状。

调查数据显示，家长对减负政策效果的认识：认为减负非常有效

的家长占 21%，认为学生学业负担更重了的家长占 17%，认为没变化的家长占 62%。

调查数据显示，在了解减负政策的家长群体当中，46.89% 的家长认为减负政策是有效的；在不了解减负政策的家长群体中，10.22% 的家长认为减负政策是有效的。可见越了解减负政策的家长越认为减负政策是有效的。所以我们可以推断，家长能否感知到减负政策的有效性与其是否了解减负政策是息息相关的。

（四）家长对孩子能力培养的诉求与建议

家长关注孩子的能力培养：一个是逻辑思维能力，一个是沟通与合作能力，一个是解决问题的能力，一个是自主自律的学习能力。

如何来培养学生的能力呢？这个值得我们教育工作者重视。家长们认为，要增加选修课程，鼓励培养兴趣爱好的，占 98.99%。家长们希望增加体育、劳动、艺术课程的达到了 70.77%。这两个指标，特别值得教育工作者重视。我们现在一味考什么教什么，这是和家长的认知相背离的，我觉得家长已经走在了很多教育工作者的前面。

（五）改进小学生课业负担过重状况的建议

请大家注意前五位的指标：兴趣、考试制度、提供个性化教育、减轻升学压力、教育资源供给的均衡。

四、治理的路径与对策

治理的政策建议有 10 条：

1．寻找教育改革共识。大家对减负有很多误解，所谓减负影响升学，减负是不要考试，等等，有很多误区；

2．要树立科学的教育政绩观；

3．加快推进考试评价制度改革；

4．加快教育资源供给侧改革；

5．提高公办学校教育质量；

6．严禁公办教育资源进入校外培训市场；

7．规范和支持校外培训；

8．加快全社会教育的协同治理；

9．加快现代教育治理体系和治理能力的建设；

10．加快人力资源市场配置机制改革。

谢谢大家，请大家批评指正。

刘 坚

北京师范大学中国教育创新研究院院长

减轻过重学业负担,教育部的责任首当其冲

学习的理想境界应该是"学海无涯甜作舟"。退一步讲,学习当然很辛苦,也会感受到一定的压力,重要的是看付出的辛苦与承载的压力值不值得。我在组织推动课程改革的同时,有差不多15年的关于教育大数据的采集经历,从2003年到现在。这次受中国教育三十人论坛的邀请,组织我的团队参与了有关学生学业负担情况的新一轮调研。结合我们的数据,和大家一起做一个交流。

我准备的内容有四个部分:小学生学业负担状况最新调查,初中生学业负担的历时调查,高中生学业负担状况,一点呼吁。

前两个部分刚才志勇厅长已经系统报告过,我就一带而过,重点放在三、四两个部分。从总体上来看,无论是这次针对16 000多名小学生家长开展的网上在线调研,还是我们过去多年的数据,我国中小学生的睡眠时间远远不达标、做作业时间过长、课外补课现象严重、心理压力巨大……这些都是事实。

有没有办法?出路何在?就以这次对家长的调查为例,我们发现不同省份之间存在差异,其中山东省的数据再次引起了我们的关注。

一、从何说起

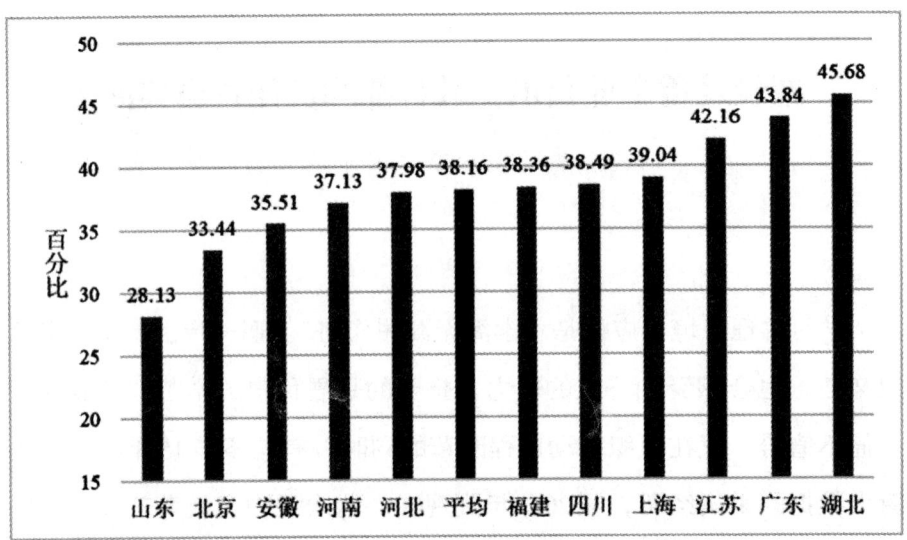

图1 不同省份家长报告子女学业负担重的比例

如图1，这是2018年10月的最新调研数据。从中可以看出，与其他省份相比，在山东，父母感受到子女学业负担重的比例最少，为28.13%，远低于全国的平均值38.16%，甚至比紧随其后的北京市数据也低了5个百分点以上。

这种情况似乎与我们的常识相悖，通常人口大省、农业大省，学生的学业负担更重。在山东到底发生了什么？我们接着看图2、图3。

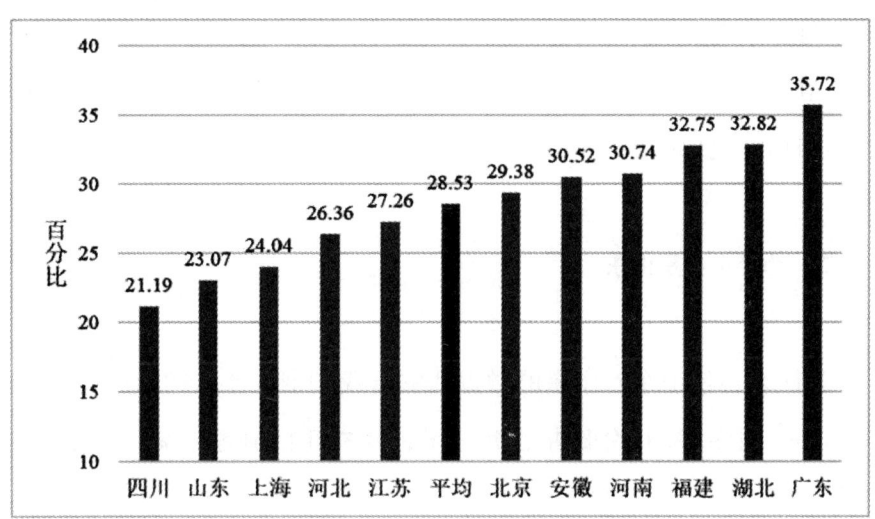

图2　不同省份睡眠8小时以下被叫醒的学生比例

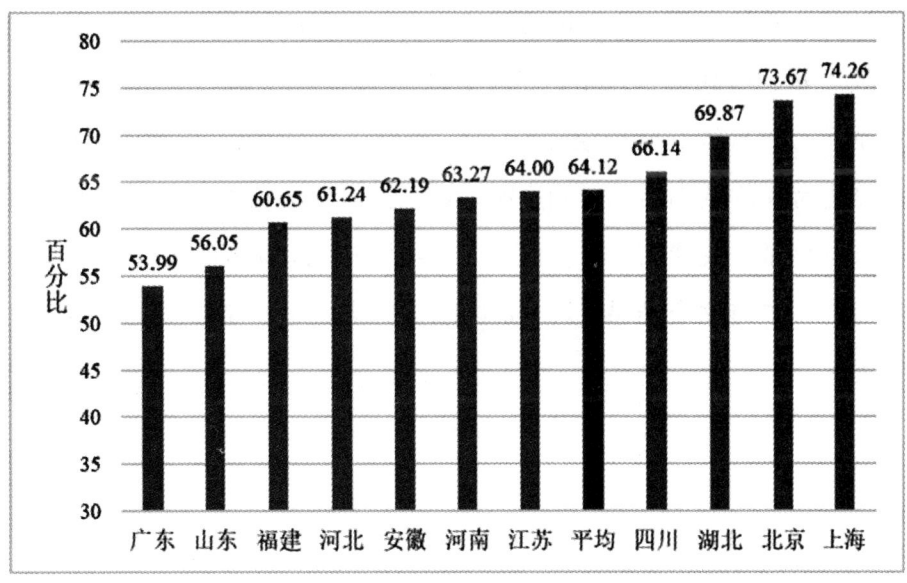

图3　不同省份学生接受课外辅导的比例

国家明文规定小学生每天的睡眠时间应该保证达到10个小时。最

新的调查结果如图2、图3所示,"睡眠8小时以下被叫醒的学生比例",山东是比较少的省份之一,同时还是这次调查中"学生接受课外辅导的比例"比较少的省份之一。

二、为什么会是山东

为什么会是山东?山东的数据能够给我们带来什么样的启发?

(一)山东高中的调查数据显示,较充足的睡眠有利于提高学业成绩

国内外多项研究表明,保证足够的睡眠时间才能维系人的正常生理功能,并使生理和心理保持健康水平,足够的睡眠时间对学生尤为重要。不少研究结果显示,学生长期睡眠不足会引起学业成绩下降。睡眠不足时机体交感神经功能亢进,分解代谢增快,导致与记忆力、注意力有关的认知活动受到影响,甚至损害记忆的维持与巩固,从而引起学生学业成绩的下降。但是,多年以来我们采集到的中学阶段的数据并不支持这个结果。图4是内陆某省会城市八年级学生全样本数据图。

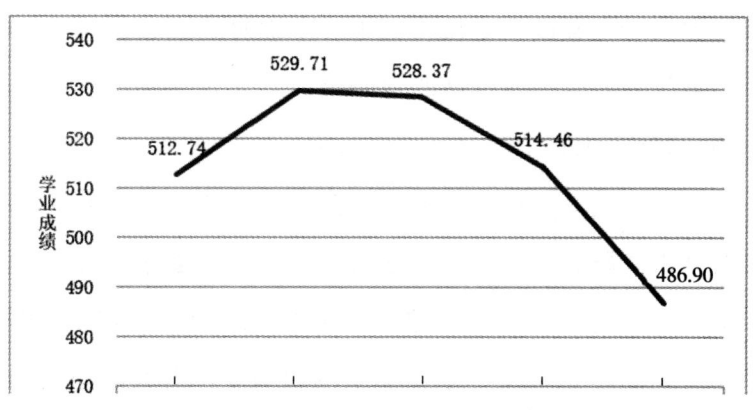

图4 内陆某省会城市八年级学生睡眠时间与学业成绩的关系

图4显示，该省会城市学生的睡眠时间与学生学业成绩之间存在倒U形曲线关系，呈现出典型的负偏态分布。睡眠时间在6~7小时的初中生群体，他们的学业成绩达到了峰值，随后睡眠时间每增加1小时所对应学生群体的学业成绩相应更低。这样的负偏态分布数据让任何教育政策制定者、教育研究者和教育实践工作者都难以面对，难道一个初中生要想获得好的成绩每天只能睡6~7个小时？睡眠是人类重要的生理需求，是维系人类健康的保证。学生正处于生长发育和增长知识的关键时期，良好的睡眠就显得更为重要。不同国家的研究者对此都十分关注。2015年2月，英国国家睡眠基金会及相关专家在分析了300多个研究结果后，更新了不同年龄段人群的睡眠时长指南。其中建议：6~13岁的学龄儿童每天的睡眠时长为9~11小时；14~17岁的青少年每天的睡眠时长为8~10小时。2014年8月美国儿科学会（AAP）出台了一项新

的政策：建议初中和高中学校将上午的上课时间推迟到八点半或八点半以后。美国儿科学会这样做的目的是，要求各学校保证学生每天要有8.5~9.5小时的睡眠时间。

2017年，我们受山东省教育厅委托，联合开展了山东省普通高中质量综合评价。研究对象由山东各县（市、区）推荐一所高中，全省共140所高中学校参加了评价，在学校层面按统计学要求随机抽样；最终有14 652名高中二年级学生参加了项目组专门开发的语文、数学、英语、物理和历史等学科学业水平测试，同时填写相关问卷；参测学校的校长和主管教学的副校长，共264位填写"校长问卷"；高中二年级的所有语文、数学、英语、物理和历史教师，共7 141位填写"教师问卷"；高中二年级所有参加测试的学生家长，共14 071位填写"家长问卷"。图5是我们用同样的方法得到的数据图。

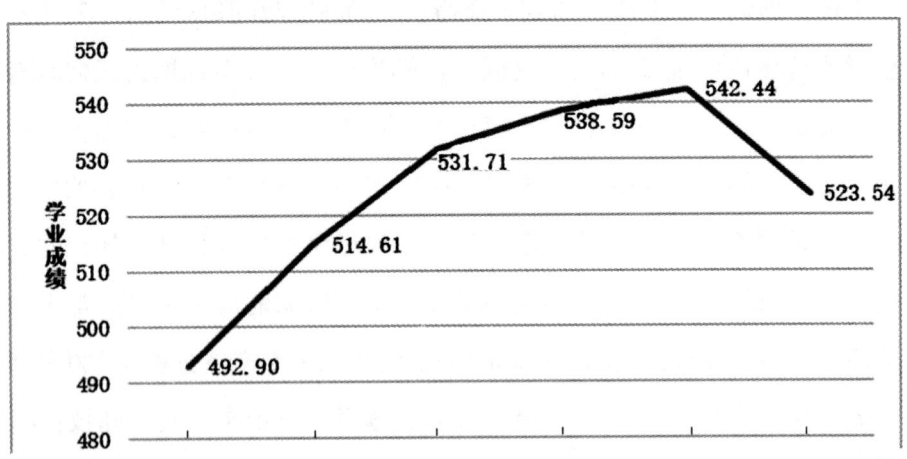

图5　山东省高二年级学生睡眠时间与学业成绩的关系

图5显示，山东省高中学生睡眠时间与学生学业成绩之间同样呈现倒U形曲线关系，睡眠时间太少或太多成绩都不理想。更重要的是，该数据图呈现正偏态分布，也就是说，随着睡眠时间从"少于5小时"逐步增加到"8~9小时"，所对应学生群体的学业成绩稳步上升，每天睡眠时间在8~9小时的学生的学业成绩最好。而这个峰值对应的睡眠区间恰好是医学界倡导和国家教育政策中明文规定的时间。

我们用同样的方法在南方某沿海城市的高中得到的则是另外的结果。如图6，呈现了南部某沿海城市高中生睡眠时间与学业成绩的关系图。

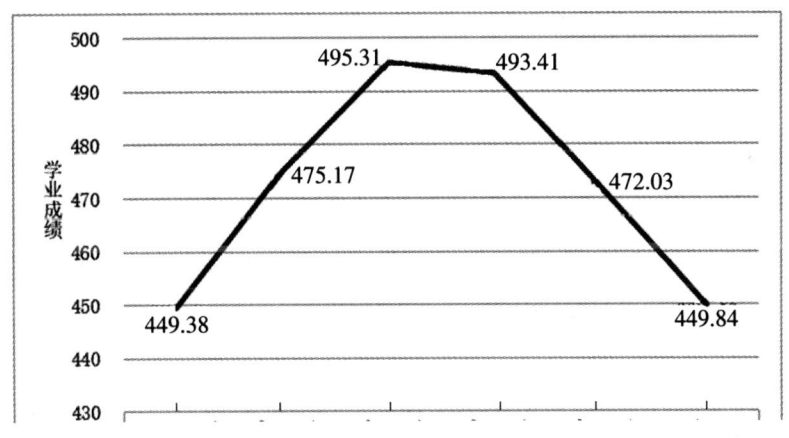

上学期，你每天（周末和假日除外）的睡眠时间大概是多少

图6　南部某沿海城市高中生睡眠时间与学业成绩的关系

在图6中，该地区高中生睡眠时间与学业成绩同样呈倒U形曲线关系，但是，该地区的高中生学业成绩达到峰值的学生群体平均睡眠时间只有6~7小时，严重低于国家规定标准，而且这个峰值对应的学业成

绩比山东低了47.13个标准分。

实际上，在过去十多年的数据采集和分析过程中，我们"区域教育质量健康体检"项目团队发现，除潍坊地区2009年的数据外，绝大多数地区初高中学生睡眠时间与学业成绩的关系图大致都是如此，这样的分布每年都有，年年如此。

结合国内外相关研究，我们认为"睡眠时间与学业成绩关系的理想模型"应该是在国家规定的睡眠区间内，学生的学业成绩达到峰值。山东的高中数据比其他同类地区的高中（甚至初中）数据都更加接近理想模型，这表明山东省近十年来在全省范围内推动的旨在规范办学、减轻学生负担方面的政策已初见成效，山东高中的教育状况更加"健康"。

（二）山东高中的调查数据显示，过多的作业不能带来成绩的增长，合理的做作业时长有利于提升学习效果

国内外相关研究表明，适当的作业有助于增强学生对所学知识的深入理解与应用，但做作业时间过长则会成为学生的负担，令学生对学习和学校产生厌烦，失去学习兴趣，影响其学业表现（Ulrish Trautwein，2002；Cooper，2006）。

大规模测试结果表明，做作业时间与学生学习成绩之间存在曲线相关。

例如Weston（1999）、Gill（1996）等在调查中发现：当做作业时长适当时，学生的学习成绩最好；一旦超过这个时长，学生的学习成绩就开始下降。2017年度山东省高中教育质量评价的结果也印证了这一

点。图7呈现了山东省高二年级学生的作业时间与其学业成绩关系的折线图。

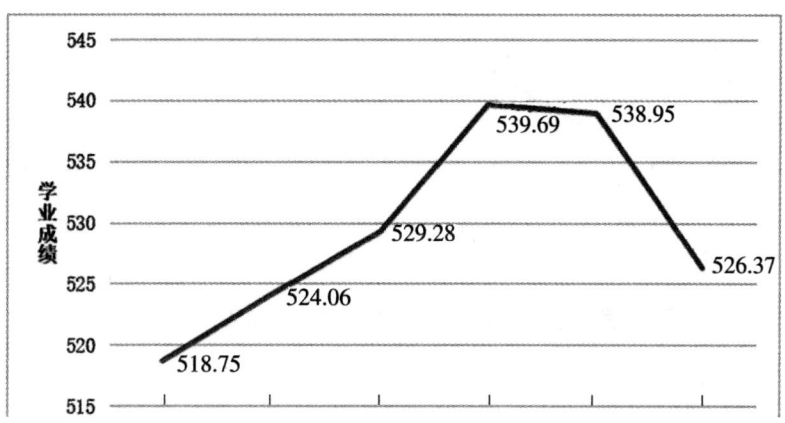

图7　山东省高二年级学生作业时间与学业成绩的关系

从上图可以看出，作业时间对学生学业成绩的影响也非单纯的线性关系，而呈现倒U形曲线形状。适当的作业有助于提高学生的学业成绩，每天作业时间在3~4小时的学生，其学业成绩最好；随后学生作业时间再增加1小时，并未带来成绩的显著提升，相反，却有明显的下降趋势。

由此可知，不考虑学生感受和可承受能力，力求通过增加作业时间来提升学业成绩的做法，并不科学。图8呈现了南部某沿海城市高中生作业时间与学业成绩的关系；图9则呈现了内陆某省会城市初中生作业时间与学业成绩的关系。

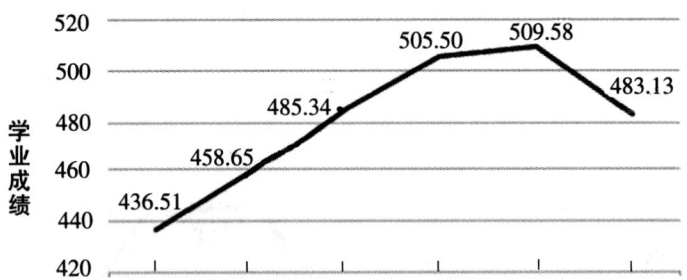

图8 南部某沿海城市高中生作业时间与学业成绩的关系

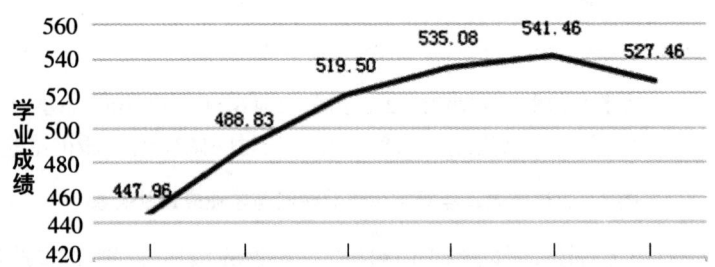

图9 内陆某省会城市初中生作业时间与学业成绩的关系

由图8可知，该沿海城市作业量为4~5小时的高中生，学业成绩最高；图9则显示，该省会城市作业量在3~4小时的初中生，学业成绩最高。教育部相关文件规定，学校要统筹学生的家庭作业时间，小学一、二年级不留书面家庭作业，小学其他年级书面家庭作业控制在60分钟以内，初中各年级不超过90分钟，高中阶段要合理安排作业时间。显然，如果能够用相对较少或适度的作业时间，取得较高的学业成绩，这应该是中小学教育的共同追求。

（三）山东高中的调查数据进一步显示，增加1小时睡眠、减少1小时作业，学生各方面的表现更好

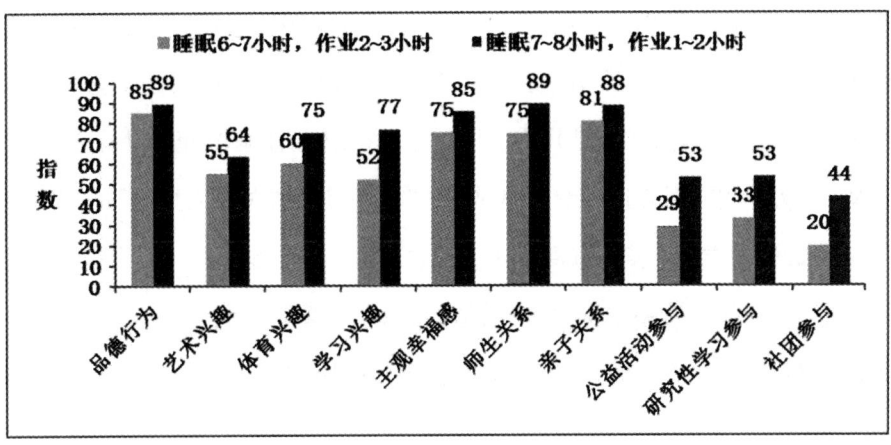

图10 增加1小时睡眠、减少1小时作业后成绩排名在前25%学生的表现

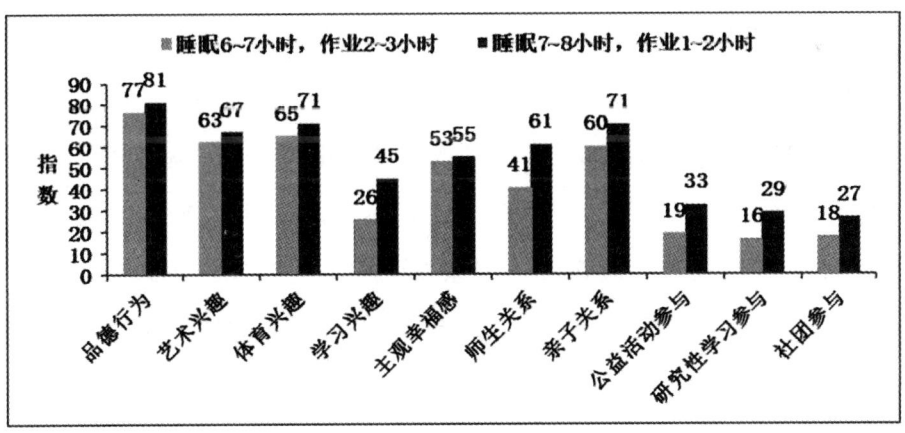

图11 增加1小时睡眠、减少1小时作业后成绩排名在后25%学生的表现

图10呈现了山东省高中生增加1小时睡眠、减少1小时作业后，成绩排名在前25%的学生在其他各项调查指标上的表现状况；图11则呈现了山东省高中生增加1小时睡眠、减少1小时作业后，成绩排名在后

25%的学生在其他各项调查指标上的表现状况。

本次调查中，除对学生的学业成绩、学业负担等状况进行调查外，还从多个维度对学生在品德行为、艺术兴趣、体育兴趣、学习兴趣等方面的表现进行了调查，并以指数形式加以呈现，指数越高，表示该维度表现越好。从图10和图11可以看出，在睡眠增加1小时、作业减少1小时的情况下，无论是成绩排名在前25%的学生，还是成绩排名在后25%的学生，其品德行为、艺术兴趣、体育兴趣、学习兴趣、主观幸福感、师生关系、亲子关系、公益活动参与、研究性学习参与以及社团参与等诸多方面的表现都明显高于睡眠减少1小时、作业增加1小时的情况。

三、一点呼吁

自1955年7月教育部发布中华人民共和国第一个"减负令"——《关于减轻中、小学学生过重负担的指示》起，直到2018年12月27日，经国务院同意，教育部、国家发改委、公安部、民政部、财政部、人力资源社会保障部、国家市场监管总局、国家广播电视总局、全国妇联等九部门联合向省级人民政府印发《关于印发中小学生减负措施的通知》，60多年的时间里，"减负令"超过上百道，但从整体上看收效甚微。

有人把学业负担完全归咎于"一考定终身"的高考。我不这么看。

——"学业过剩陷阱"正在成为我国社会未来发展的重大隐患。中国的教育尤其是基础教育，正在陷入以死记硬背的方式获取标准答案和高分数为标记的"学业过剩陷阱"。如果我们这代人不能以壮士断腕的气魄下大决心解决这个问题，将会严重制约国民素质的整体提升和创新型国家的建设，更谈不上让人力资源大国有效转化为人力资源强国，这将直接推迟21世纪中叶中华民族伟大复兴的历史进程。

——山东的十年实践值得总结。我们的数据显示，过去十多年，同样在高考指挥棒下，山东省委、省政府通过规范办学行为并辅之以一系列行之有效的配套政策法规，减负取得了实质性效果。

——减轻过重学业负担，教育部的责任首当其冲。造成学生学业负担过重，严重影响少年儿童健康快乐成长，影响中小学生社会责任感、创新精神和实践能力的培养，家长有责任，教师校长有责任，地方政府有责任，舆论媒体机构有责任。但是，归根到底是代表国务院行使教育行政管辖权的教育部只发文不作为所致！

重构教育评价体系

刘　畅

一起教育科技创始人兼CEO

在线教育：减负与赋能

一、知识要同步学习，能力应提前培养

大家谈到民办教育机构，觉得都是校外线上线下的培训机构，其实还有一类像我们这样的民办教育机构，是进入公办学校课堂的。对于这些公办学校来说，目前最大的需求点在于减负、素质教育。近几年来，我们的中高考发生了翻天覆地的变化，我们相信最好的减负来自人才选拔标准的改变、评价体系的改变。

高考在过去三年所发生的一些变化，已经开始慢慢地从高中传导到初中甚至小学，还传递着一个非常强烈的信号——学生在小学阶段如果没有养成好的阅读习惯，真不是到了初高中去校外参加培训班，就一定能拿到很好的中高考分数的。

现在语、数、外等几门主课也出现了更多的考查学生的信息获取、信息分类的能力的内容，而这些背后传递着国家对于素质教育的坚定决心。

重构教育评价体系

今年我们联合中国教育三十人论坛学术委员会发布了《2018年中小学生减负调查报告》。家长赞同的学生减负措施调查结果显示，34%的家长认为应该减少作业时间、用信息化手段提升作业效率。这其实是我想说的，信息化有助于实现个性化教育。

其实从小学一年级到高三，所有做的作业题一半以上对大多数学生的成绩变化没有什么影响，因为对于大多数学生来说，80%~90%的作业内容是他们早就掌握的，还有一部分作业中存在大量对于学生目前水平来说难度过大的题目。所以个性化作业是一个比较好的解决学生学业负担的抓手。

家长赞同的学生减负措施调查结果显示，有20%的家长认为应该关闭培训机构。我更愿意把它解读为，未来培训机构的职能将会发生转化。学生在学校通过线上线下相结合的方式就把语、数、外的知识掌握好了，利用周末时间培养音乐、舞蹈、美术等兴趣。国家也开始鼓励语、数、外这样的培训不要超纲学、提前学，我相信这里给培训机构很大的机会，就是知识要同步学习，但是能力应该提前培养。

还有13%的家长建议增加体育、音乐、美术等课程内容，这点国家做到了。以北京为例，已经大大增加了体育课的内容，而且学生回到家里还有体育作业，这就是我们国家做的正确的事情，开始鼓励体育运动。

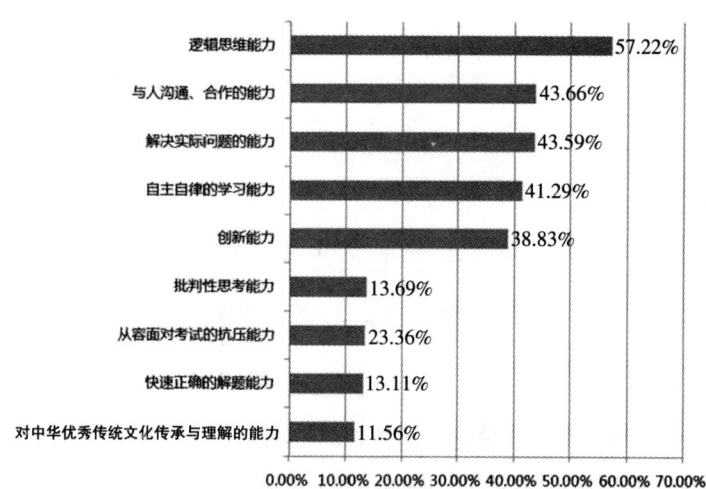

图1 家长对孩子能力培养诉求总体情况（样本量：16 830）

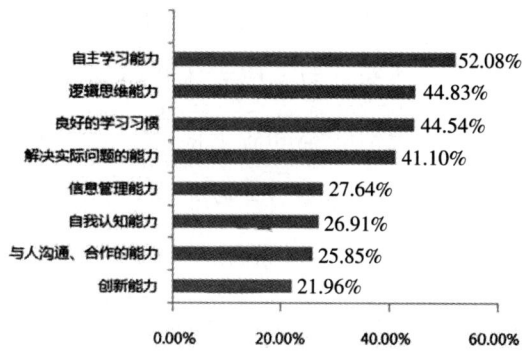

图2 在线作业平台对孩子能力提升的帮助情况（样本量：16 830）

从图1、图2可以看出，家长开始对孩子寄予更高的期望，希望孩子拥有逻辑思维能力、与人沟通能力、自律能力等非常多的成人才具备的能力。同时也给了在线教育更高的期待，家长希望在线教育能够培养孩子这些能力。

这两点能够反映出，中国的家长对于孩子能力培养的需求已经处于刻不容缓的状态。中国家长的认识已经不再是停留在"学好语、数、外，走遍天下都不怕"，且已经逐渐转变为希望孩子能学到将来在社会上立足的本领。

除了国家发挥作用外，民营企业也能够起到补充作用，并且我们愿意投身其中，我认为这件事互联网能做得很好。

二、小学期间注重学生能力的提高就能带来中学的减负

小学期间需要注重能力的提升。在小学提前培养能力就能为初高中减负，因为初高中是学生学业负担最重的时候。

举个例子，有个学生做不出立体几何题，图片在他的脑子里立体不起来，这是在考验他的空间想象能力。有可能以后他考取了工科大学的机械制图专业，在制图时才发现自己缺失这种能力，从而没有驾驭专业知识的能力。所以如何在小学阶段培养孩子的能力，并进行能力方面的测评，到初高中阶段帮助他更好地选择专业，这是教育类企业需要跟国家合作实现的事情。

现在学生都喜欢做网上作业，因为互联网的作业大多数都不是刷题，而是素质类的内容。比如说语文作业中，传统意义上的阅读题无外乎是读一篇文章、问四个问题，这个问题答对了也许对学生一生的语文能力没有特别多的帮助。但是如果今天他读了一本绘本，然后能用3分钟的时间把绘本的内容复述出来，用3句话给这个绘本做归纳，能声情并茂地朗读配音，这些锻炼的就是他受益一生的能力。

再举一个例子，如果数学题不会，过去通常是看题目解析、看老师的解答。但现在互联网开始重构题目，分析它的已知条件是什么、未知条件是什么、有几种解法。我们不关心题目做对做错，而是关心如何由同类问题抽象出规律，做出总结，与同学展开讨论。其实成年人每天都在解决一道道工作和生活的难题，而针对每一道题大体的思维框架也都分成已知条件、未知条件、有几种算法。任何一件事，不管做成还是做不成，都有反思和复盘的阶段。

成年人都是在反思中进步的，而这种能力在小学阶段通过一些题目的训练就可以培养。这些思维能力、思辨能力，不仅能满足学生中高考的需要，同时也能促使学生形成受益一生的思维方式。

再比如说英语，很显然中国基础教育在英语的学习问题上最缺的是语用，学生在小学阶段可以大量读绘本以养成语感，而有了语感就可以根据习惯回答出英语问题。

小学阶段的知识不应该超纲学、提前学，但是能力应该提前培养。数学不用学到奥数和初高中数学，但是要培养逻辑思维能力和空间想象能力；英语不用记几千个单词，不需要把语法都背下来，但是要能熟练地使用语言。这是我们能看到的未来教育的变化。只要有更好的互联网工具和内容，学生在课上就学会了知识，就有更多的时间用来提升音乐、舞蹈、美术等素质。

三、中学注重个性化学习，可以减轻学生的学业负担

在中学实行个性化学习。学生在中学阶段减负的问题并不是来自素质教育的内容，而是来自中高考过多的压力。

我们服务的学校已经不再使用纸质的教辅书，也不再是学生统一的作业，而是变成教师在互联网中的智能组卷。学生做作业用的是个性化的纸张，老师在批改之后进行扫描，然后通过大数据从知识点维度和考点的维度得知全班共性的问题。而在课堂上，任何一道题谁对谁错都一目了然，优秀学生的答题案例也都能通过投影仪显示出来。而在课堂上讲题的人也都是优秀学生，由他们分享自己的解题思路。

学生考完之后，教师会把错误率最高的题目发给学生，让学生多关注。在我们服务了三年的高中，教师在高考一模时，会把每一个学生三年前做错题的答题笔记发给他们，每个学生看到的都是自己三年中做题的数据，然后针对每个学生不会的问题，教师再巡场进行讲解，这样就大大提高了学生的学习效率。学生做适合自己的题目，用更少的时间即能达到同样的成效。

四、三个"一起"，全方位帮助中小学生学业减负

我们所倡导的是，第一，知识和能力一起。把学生小升初的压力降下来，无论是校内的公立学校还是校外的培训机构，都应该提前培养学生各方面的能力。

第二，乡镇和城市在一起。其实越是在三四线城市，大量的互联网优质资源对教师的帮助越大。因为三四线城市教师的教学水平和一二线城市教师的教学水平差距将变得越来越大，但好的互联网内容以及AI老师能够弥补这个差距。

第三，科技和教育一起。其实我们最大的愿望和梦想是把我们7年间上千万用户的数据沉淀下来，和其他几百家与我们一样的企业的数据汇集在一起，让我们能看到每个孩子12年的学习数据。这些数据对学生的描述，从概率上说比高考一次终结性的考试要更加客观，应该作为高考之外的学习评价的有力补充。

我觉得减负最简单的方式是实行个性化作业，再进一步是帮助三四线城市教师成功地用好互联网教育资源。从更高维度来说，则是解决教育评价的问题，评价问题解决了，教师、学生、家长必然会追求素质教育和个性化发展，从而达到给学生减负的目的。

重构教育评价体系

杨东平

中国教育三十人论坛成员

国家教育咨询委员会委员

21世纪教育研究院院长

教育"剧场效应"的锅谁来背

"剧场效应"已经成为一个流行词,什么都是"剧场效应",而"剧场效应"是无人负责的。教育的"剧场效应",实际上就是使应试教育和课业负担所有的这些问题陷入了一种不可知、不可解的状态。

刚才的调查报告很有价值,很大程度上说明了公众对学业负担过重的一个认知。调查数据很有力地澄清了一个说法:所有公办学校的教师都说我们在减负、家长在加负,但是家长的感受不是这样的。学生的学业负担主要来自校内,这个认识很重要。

要说到谁来背这个锅,几个利益主体,公办学校、民办学校、培训机构和家长经常互相抱怨:小升初主要是公办学校和民办学校的竞争;培训机构是万恶之源、推波助澜;家长不理性、盲目。

我们可以看到,在这么一个利益的图景当中,是不是缺了一个最重要的主体——政府。就是刚才刘坚老师说的,在中国每一个领域屡禁不止的乱象背后,都有一个确定的制度性的原因,就是不可推卸的政府责任。这个我们希望能够成为一个常识,大家都能够明白这一点。政府治理在哪个方面是最有效的呢?就是公共交通治理得还比较有效。但是其他的公共服务领域,尤其在教育领域,问题是非常大的。

 重构教育评价体系

我们对减负、对应试教育所有这些问题的认知，确实也需要澄清，需要形成一种共识。比如说对"快乐教育"的声讨，似是而非的说法，认为快乐教育是美国穷人的教育，有钱人都在拼命"刷题"，这真是用中国人简陋粗暴的想象代替了世界教育真实的图景。我在丹麦访学，曾问一个六年级的女生："你每天的课外作业是什么？""读20分钟课外书。"丹麦从一年级到九年级没有任何考试测验，学生只有一个任务就是玩。所以，我们必须要正视这个现实，在全世界教育的图景当中，中国处于什么地位？为什么没有作业且不考试的芬兰、丹麦、瑞典，它们都是世界教育的第一梯队。当然上海的教育也很好，在学校考试当中也是第一梯队，但是它的学业负担同样是世界第一，上海取得了两个世界第一。上海学生的课业时间是日本的3倍，是韩国的2倍。所以这是用时间换来的成绩。

我们所有关于应试教育的讨论指向了一个概念，就是我们的理想，是要形成一种低竞争、低控制、低评价的教育生态。要改换一种教育生态，要换跑道，要换赛场，实现善待儿童的教育，使儿童免于恐惧的教育，使儿童能够保障睡眠的教育。这是不是一个国家最低的教育要求，最基本的人权保障？如果这个我们也做不到，还谈什么教育现代化，谈什么未来学校、未来教育！可惜的是，这么一个最基本的目标，我们还是没有达到。

有一个调查数据显示，在我们的中小学厌学的孩子要占到40%以上。所以，当一个小学生开始厌学的时候，你指望他能够有怎样光明的未来？所以，要建立一种新的治理思路，就是按照"整体裁军"的

思路，整体降低应试教育的水准，降低应试竞争的强度和烈度。保证青少年每天多玩1小时、每天多睡1小时。关于近视发病率，据不完全统计，小学生约为30%，初中生约为60%，高中生约为80%，大学生约为90%。不久以前刚发了一个文件，把这个原因归因于手机、用眼卫生。我看到几个科学家出来发言了，所有的原因就一个：户外活动时间少。每天户外活动2个小时，近视率可以降低几十个百分点，就是学习时间太长了，跟看不看手机没什么关系。

刚才讲的营造一种新的教育生态，低控制、低竞争、低评价的教育生态是可能的吗？是可能的。刚才刘坚教授的报告，包括张志勇先生的报告，都已经给我们呈现了一小片蓝天。山东省教育厅从2008年开始实行"整体裁军"的尝试，由政府出面强力规范教育秩序，所有的学校不允许寒暑假提前开学、双休日补课、上晚自习，发现一起查处一起。这样的通知每年要发很多次，没有人当真。山东一开始也是不当真的，然后不断地撤校长，最后所有的校长认为这是真的了，开始规范了。

什么叫"剧场效应"？就是少了一个保安。为什么全世界没有一个剧场大家是站着看戏的，要坐在椅子上看戏，因为每个剧场都有保安和纠察。但是中国的义务教育没有。当政府真的承担起了市场秩序维护者责任的时候，这个秩序马上就得到整顿了。

你提前10天开学，他提前20天，我提前1个月，这种乱象现在还在上演。比如说高中停课备考。现在全国普遍的是高三一年不上新课了，"刷题"。但是，我们知道衡水中学现在已经从高二下学期就开始

重构教育评价体系

了,用三个学期"刷题"。我们也知道,要不了多久,高二、高三两年都用于"刷题"。这还叫教育吗?我们的"守夜人"在哪里?哪怕用高三和初三一年备考,本身都是违反教育部的课程标准和课程规划的。所以这种新的教育生态的形成,最重要的是要靠一个正确的价值观,就是刚才张志勇讲的地方政府正确的政绩观。如果把升学、分数作为唯一的需求,这个生态就好不了。

在中国,除了山东整个省,像山西晋中、广东顺德,这些地方都已经出现了健康教育良性的生态。

晋中怎么好呢?没有择校、培训班、大额班,没有过度的竞争,就是正常教育,这不就是我们所追求的教育理想吗?

所以,关于减轻义务教育阶段严重的学业负担,我个人最主要的一个诉求,就是要改善和规范义务教育学校行为。公办学校这个主体不改变,你想要去改变培训机构等等,只干外围工作是很难奏效的。要定点消除薄弱学校,严禁教师校外有偿补课。从力所能及的改变开始。什么叫力所能及?这个要求是不是每个学校都可以做到?

南科大教育集团、浙江上城区承诺,小学生21:00以后,中学生22:00以后可以不写作业,敢不敢?教育局都承诺了,这不就可以简单地减少课业负担了吗?陕西省教育厅通知,不得布置要求家长完成学生可以代劳的作业。家长敢不敢做?关键在于通过提高教学质量来减少作业是完全可行的。原来山东的一位校长,现在到北京了,从2002年开始推行"零作业"的减负实践,非常可惜这样一个优秀的校长的事迹没有得到有效的传播。北京昌平区城关小学的原校长柏继明,很可惜,他退休了我们才知道。给教师减负、给学生减负、给家长减负,他给教师减负规定了八条,字错以后最多只能写三遍,不让家长出任何的练习题,不留过多的、无用的、机械抄写类的作业。我们现在把学生和家长捆绑在一块,鸡飞狗跳。

要改变管理和评价。这个其实是国家公开的政策,禁止对学校进行排名。但是我们知道这种排名从班级到年级,到学校,到整个海淀区,到整个北京市,无所不在。我的女儿在上学,我很清楚,她在海淀区是第14 321名。现在的学校通过微信家长群天天通报孩子的表现,天天把孩子拉出来亮相。

特别要说一下,中小学的等第制评价,就是5分制。大家知道全世界的学校教育,大中小学都是等第制的评价,就是ABC。中国从1949年以后,一直到"文化大革命"前也是等第制的评价,学苏联5分制,最好的全是5分。为什么到现在不行,从 年级就要搞百分制。 个小孩考了98分,回去给他爸爸报喜,他爸爸给他一个耳光,为什么不考100分?还有一个女生考了100分,回家号啕大哭,她爸说,考100分为什么还哭?她说我们班两个人考了100分。

现在我们只提义务教育均衡化,但是高中教育均衡化在高中教育已经普及的地区应该提上议事日程。因为有一所好高中,招收本县的初中生,汇聚了本县的优秀教师,整个县的教育生态就稳定了。刚才讲到为什么山西晋中下面有11个县(市、区)都比较稳定,每个县都有一所好高中,都有上清华、北大的学生。这就叫均衡发展。

我非常重视选修课,如体育、劳动、艺术等等。现在我们的义务教育负担过重，有一个原因就是什么都要进校园。校园有多大？所以，要增加音体美，减少语数外。我记得当时深圳开展过一个"假如我是市长"的活动，一个小学生给市长写了一封信说，如果我是市长，就把语数外变成"副课"，音体美变成"主课"。

在减负和减少教育内容、降低教学难度的问题上，我们还要重温一下中华人民共和国的历史。毛泽东曾建议，要从一切活动总量中，砍掉三分之一。我们今天可能砍掉三分之一吗？砍不掉。能不能砍掉四分之一？这是有改革案例的。大家听说过甘肃甘谷县的伏羲学校吗？它是面向农村孩子减轻学业负担的学校，伏羲学校增设书法课、武术课，三年级才开数学课，五年级才开英语课，考试成绩也很好。这个英语，从一年级开始学，水平也不一定高，拖五年，到他五六年级的时候每天开两节英语课，学习成绩也不错。一、二年级的学生学起数学来很困难，三年级的学生肯定能懂。这些学生能文能武，现在全国有300多所伏羲学校，它们的语文教材就是四书五经，这是中国传统文化的重要组成部分。

韩国推行自由学期制，推崇"幸福教育"。我们不要以为韩国还是跟中国差不多，还是天天考试"刷题"，人家已经变了，变得很厉害。他们从2016年开始全面实行初中自由学期制，就是初一和初二当中可以选一个学期，不上任何文化课，以社会活动、社会实践为主，让学生走出学校、了解社会。他们现在考虑，要把这个自由学习时间延长到一学年。

我们还要打破单纯高考改革的思路，以为就是考试方式改变了。

整个应试教育改变了，还不是整个高中教育的多样化。在高中的时候就让学生走上不同的轨道，真正走上按照学生个性和兴趣来发展的轨道。我们看韩国的高中多样化，也是令人欢欣鼓舞的，我们都不知道，也没人传播。

扩大教育的选择性和多样性，要促进办学体制改革。借鉴美国的"特许学校"、英国的"自由学校"、中国台湾的"实验教育"的经验，通过管办分离、委托管理的改革，恢复公办学校的活力。这是世界范围内主流基础教育学校变革的一个方向，但是中国改了这么多年，只是课程改革，还没有进入到学校改革的程度。中国台湾的"实验教育"做好了，它规定每个县（市、区）的公办学校里面要拿出5%，现在提高到10%做"实验教育"的改革。也就是有一些教育家提出自己的教育理想，跟教育局签订一个协议，实行"实验教育"的学校可以不遵循现在的什么义务教育法，给你非常大的自主权。所以中国台湾的教育改革现在走到了亚洲的前列。

我们所有围绕减负这样的议题，其实就是一个目标，就是从应试教育突围，首先走向教育的正常化，然后才能谈现代化和未来教育。谢谢大家！

教育创新评价

詹富安

迈杰思创办人、首席执行官、执行主席

什么是好的幼儿教育

我们已经生活在一个全新的世界里，日益更新的技术在不断改变着我们的生活，AI（人工智能）对我们生活的改变和冲击也很大。从现在起我们如何让正要进入幼儿园的孩子们，从学前教育阶段就能更好地准备起来，为他们的人生去做储备呢？21世纪是怎样的？世界又会改变成什么样呢？

当孩子们来到学校的时候，我们会问老师：我们将培养怎样的孩子以应对未来？因为当他们成人，走入社会的时候就是2038年左右，在那时他们又要以怎样的技能去迎接、拥抱这个新的世界？

我们不知道未来会发生什么，很多事情我们也许都不知道，但有一件事情我们是知道的——"我"会怎么思考？会拥有怎样的大脑去高效、系统地处理如此多的信息？在不远的未来，我们每个人都能够得到同样的信息——从Google上、从百度上……最关键的是我们每个人处理信息的方式方法、我们所具有的理念是不同的，这就决定了我们每个人所产生的思考结论也会不一样，而我们如何才能具有全新的思考方式、先进的理念去面对未来？

今天，我们就讨论一下在幼儿早期，如何培养他们做好准备以应

对变化中的未来。我们来看一个比喻：就像一株盆栽，有句英文俗语说得好："枝弯，则树必斜。"大家都知道，盆栽是在植物早期的时候就把它定型、不断浇灌它、不断培养它，当它长成的时候便跟你最初定型的设想是一模一样的，所以你早期的设想决定了它最终能长成什么样子。可以说——盆栽是模仿生命的艺术。可是，在培育学龄前儿童的过程中，这值得我们效仿吗？

我们是否真的打算根据自己的理想去调教孩子并限制他们的成长呢？我们是想要一个心智不全、百依百顺的复制品，还是一个英勇无畏、敢于创新的思想者呢？——前者只会屈服，后者却会革新。

今天我们是否还要以这种形式去培养孩子？我们越是"强制喂食"式地让学龄前儿童仅在学校这种人造环境中生活——越是放大那些过早的、划分等级式的对孩子的评头论足——孩子就越少有机会增强和发展他们应对未来21世纪苛刻多变环境的能力。这是不是21世纪所需要的人才？

我们再来看另外一个例子：刚才我们了解了盆栽，我们再来看看竹子。竹子是怎样生长的呢？有一种竹子从它最初的第一年到第五年的时间里，也许在地面上你什么也看不到，因为这个时候竹子在地底下生长根系。一旦所需元素一一就位，新芽便从根茎上萌发，破土而出。这时它开始快速地茁壮生长。这就好比我们的幼儿园，孩子入园的时候是2~5岁，这是他们经历构建人生中最核心基石的时候。竹子开始成长以后哪怕经历飓风、石块，都可以保持旺盛的生命力，很好地成长。我们希望培养怎样的幼儿？未来他们是否也有更好的面对各种不确定性的能力？

我们觉得非常重要的是如何发展孩子的头脑，构建他们的头脑包括认知理念的基石，从而为日后成长奠定基础，以构建他们最美好的未来。我们有一位非常著名的研究员，她通过大量的研究发现：早期婴儿的哺育其实是非常重要的，她特别提到了关于使用 Flash Cards（闪卡）的问题。有些机构会让孩子看 Flash Cards，从而借助这些工具对幼儿进行脑域开发。但是我们发现通过这样死记硬背的学习方式，得到的结果往往是看得越多记得越少。Flash Cards 只是让孩子被动暴露在大量快速切换的信息下。孩子是用五大感官认识和理解这个世界的，越小的孩子越是如此，只让孩子被动地、快速地看闪卡，而大脑不能从这个过程中通过理解进行记忆，这是不科学的。如何才能培养出一个全面发展的孩子？事实证明：构建更有创意的头脑和思维，这个过程其实是更为重要的。

我们发现，其实孩子早期的认知培育和大脑开发是最为重要的。我们把竹子成长当中最关键的十个元素，提炼出来作为儿童早期教育发展的最核心的部分。一个孩子长成大人，他在成人阶段拥有的良好创造力，其实儿童早期教育阶段已经奠定了这一扎实的基础。在0~6岁阶段，这十个关键元素必须介入儿童早期教育的过程当中。这十个关键元素如下：

第一个元素是冠军价值观与情绪智能策略。这点必须在早期的培养和教育当中就去介入。关于冠军思维我们做了研究，同样在悉尼和北京的奥林匹克运动会上就介入了这个项目。是什么构建了冠军思维？我有一个很短的影片可以让大家看一下——这是在北京奥林匹克运动会的时候我们做的冠军测试。

第二个元素是创意与戏剧策略。我们做过一个研究，当孩子在三个月的时候把他送去进行创意和戏剧策略培养。数据表明：这些孩子比同龄的没有接受过这种教育方式的孩子，具有更好的自我认知能力和对他人的情绪感知能力。

第三个元素是关于联想思维和认知策略。这将很好地帮助儿童在早期去发展他的思维结构和对社会的认知。

第四个元素是沟通策略。在真实的世界当中，大家都知道，成人世界里沟通能力是非常重要的，这在儿童早期教育当中也应该尽早地去介入，培养孩子交流和沟通的能力。

第五个元素是叙事智慧策略。就是讲故事的能力，孩子早期应该就有这样的能力，跟各种各样的故事场景连接，去表达他们的想法，这个在早期幼儿脑部开发阶段也是非常重要的。

第六个元素是语文与阅读策略。大家都知道阅读非常重要，我们这里讲的阅读并不是指强迫孩子去解码这些语言文字或者说只是做拼读、拼写，我们是希望孩子对这些语言、这些文字有一种发自内心的热爱，不仅仅是拼读、拼写而已。

很多学生在长年的学习生活中，差不多每周有5天在学校学习阅读，但是澳大利亚有80%的亚洲裔的学生是不喜欢阅读的，因为阅读高度关联着一个人的学习能力，我们这里强调的阅读能力是一个人对文学的喜爱，通过对文学的喜爱和认知进行更多的阅读，能够了解自身和社会历史等方面，并且进一步激发学习的兴趣。所以爱上阅读、爱上文学，不仅仅是指阅读的能力或者只是会读这么简单，而爱上阅读远远比会读更重要。

培养儿童早期喜爱阅读的学习习惯，而不仅仅是让他们去读，这就是儿童早期教育的关键点。

第七个元素是识数能力策略。这里我想强调的是——数字的能力不是指一个人数学的能力，我们也不赞成在幼儿早期阶段就去学习数学，而是应该让孩子构建更好的对数字的连接和认知，培养他未来走向数字世界的认知和基础的数据结构。

在中国，我们听到了关于中国教育部的政策和规定，就是不允许幼儿园提前小学化，在幼儿园阶段去"学科化"，包括数学在内，这个跟我们的认知是一模一样的。在儿童早期教育阶段，更重要的是激发他们对数字的认知能力和一种兴趣，以培养他们未来进入数学的世界，而不是在这个阶段就去学数学。在这点上，我们觉得与中国的政策是高度契合的。

第八个元素是自然与环境意识策略。就是我们讲的环保意识，这个应该越早期介入越好，每个人在成人的时候与自然环境有更好的认知和融入度，而不是到成人的时候对环境有一种漠然的感觉，应该在幼儿早期就给予他们这些认知和接触。

第九个元素是我们提出的健脑运动策略。如何通过脑部的一些锻炼和运动，帮助孩子更好地构建自信心，这也是非常关键和核心的。

第十个元素是音乐学习及终生运用策略。这点也是我们非常强调的,在幼儿早期的脑部发育当中至关重要的一点,就是音乐。音乐在人生中是非常重要的,并且在早期的脑部发育中,音乐将更好地使孩子们认知这个客观世界,更好地激发他们在数学、科学工程等方面的能力,所以培养他们从小热爱音乐的能力是非常重要的。

大家可能会有个疑惑,我们如何通过"三位一体"的思考方式去培养孩子们综合的创造力呢?接下来我展示一下这张图片。

现在我解释一下这张图片:大家可以看到,这个小女生坐在这片绿油油的草地上,以这个草地为底图把我们"三位一体"的思维架构

作为基石放在最底层，这是我们的教育理念和体系，这里包括冠军思维、学习思维和创意思维。这个基础之上是帮助孩子构建百分百的尊重，包括对自我的尊重、对他人的尊重、较高的自尊度，同时她没有任何的恐惧，而这个是一个人成年之后最核心的力量来源，以支撑他在未来去发展他其他方面的能力。

以下这十项价值观分别是：

第一点是我们需要从小培养孩子诚信的品格。在人的一生中正直诚信非常重要。

第二点是我们需要从小培养孩子自我反省和反思的能力。

第三点是我们需要从小培养孩子专注于发现他人优点的能力。因为我们的大脑倾向于去做快速的判断，评判的往往是别人的缺点。我们需要特殊的训练和锻炼，培养每个人专注于发现他人优点的能力。

第四点是我们需要把挫折当成动力的这样一种理念植入孩子早期的认知当中，并且培养他们发展这种思考方式。

第五点是我们需要帮助孩子去认知什么叫反馈，并且重视反馈，把这些来自周边、身边的反馈，视为自己接下来成长的种子和养料。在成人世界，我们看到很多人非常抗拒来自别人的反馈，这是因为在我们的头脑里没有这样的思考习惯和方式，所以我们需要培养孩子重视来自周边反馈的能力。

第六点是培养孩子的创意能力，认识到"我"是有创造力的，这些创意和想法是来自"我"的头脑。

第七点是对于这个世界的发展和认知，"我"是具有同情心的。

第八点是更重要的一点，告诉孩子，"我"是一个终身学习者，活到老学到老。帮助孩子从小就要去构建这样的认知。

第九点是"我"是有自信心的，"我"是一个非常有自信心的人。

第十点是"我"是懂得感恩的，在生活当中"我"懂得感恩生活给予的点滴。

迈杰思教育理念和教育哲理当中最重要的一点，就是我们讲的百分百的尊重。在成人世界里，很多时候并没有人知道这一点，从而使我们的头脑倾向于快速判断，导致失去一种连接。

MindChamps Philosophy　迈杰思哲理

100% RESPECT　　百分百尊重
ZERO FEAR　　　 且绝无畏惧

最后一点，就是要培养绝无畏惧、足够自信的能力，在任何时候"我"是独一无二的，"我"有信心去表达，能成为更好的自己！

谢谢大家！

教育创新评价

王熙乔

探月学院创始人兼CEO

重构教育评价体系

核心素养评价在中国的系统实践

我们这次论坛的主题是"重构教育评价体系",我们在重构这个评价体系的时候,要考虑的很重要的一点,是评价的主体到底是什么。其实我觉得今天下午的演讲,各位的分享已经做了蛮多的铺垫了。不管是家长,还是教育的专业者,还是我们主流的一些专家,其实都聊到我们要培养创造力、培养批判性思维能力,要培养领导力、合作沟通能力等等。其实这些能力可以转化为在最近的这些年的教育改革里面常说的"核心素养"。这是我们目前教育改革的一个重点,当然除了通用的核心素养,它也包括不同学科的核心素养。

在我们推动这些改革的时候,会遇到一个很大的问题,就是我们可以说在培养这些能力,但是该如何真正地测量,如何真正有把握地说我们发展了这些能力。今天我想分享的是我们探月学院作为一个学校,如何在整个系统设计里面考虑发展以及去评估核心素养。

首先介绍一下,我们探月学院是一个高中段全日制创新学校,致力于培养内心丰盈的个体、积极行动的公民。

在我们的整个建校历程里面,我们的成员有很多是来自主流的学校,也包括创新体制。其实评价核心素养不是一个简单的事情,因为素养其实包括知识、技能和态度、心智模式等这些不同的复合体。

我们发现素养评价会经历几个阶段：

第一个阶段，我们其实是没有内容可写的。因为我们现在很多教育体系里面其实并没有发展这些素养的内容，只有发展这些素养的体验和活动。所以要展示学生素养发展的时候，其实没有什么可写。

第二个阶段，我们不知道学生的进步程度到底如何。比如我们开始说要做一些研学，这些活动我们想发展学生的创造性思维能力和合作能力，其实我们并不是特别清楚学生的发展程度是怎样的。

第三个阶段，我们开始让学生写一些报告，我们自己去进行一些反思，这样我们堆积了蛮多评价的材料，但数据并没有结构化，去看的人不知道学生的发展程度到底是怎样的。

第四个阶段，呈现的问题就是它的资料可信度是很低的。

这四个阶段的问题，我希望各位先把它们放在脑海里面，等一会儿我会分享我们是怎么解决的。

在探月学院怎样做一个素养发展的项目，即一个真实的案例是怎样的？我们以其中的一个项目制学习为例，即2049年的能源系统是怎样的。老师在设计这个项目的时候必须抽离这个项目到底要发展什么素养，我们要从通用核心素养和学科核心素养中进行抽取。中国其实在2016年的时候发布了《中国学生发展核心素养》。而在学科方面，目标从传授知识转向发展学科的核心素养，尤其是从2017年开始教育部也进行了普通高中新课程标准的颁布，其实是把学科核心素养明确地提了出来。我们做项目的时候要考虑这个项目服务什么样的目标，我们会从这两个方面去建立它的目标。

> **3.4 能源与可持续发展**
>
> 【内容要求】
>
> 3.4.1 了解利用水能、风能、太阳能和核能的方式。初步了解核裂变与核聚变。
>
> 3.4.2 知道不同形式的能量可互相转化,在转化过程中能量总量保持不变,能量转化是有方向性的。
>
> 3.4.3 了解可再生能源和不可再生能源的分类,认识能源的过度开发和利用对环境的影响。
>
> 例1 讨论家庭生活中一天所用的能量哪些来自可再生能源,哪些来自不可再生能源。
>
> 3.4.4 认识环境污染的危害,了解科学·技术·社会·环境协调发展的重要性,具有环境保护的意识和行为。
>
> 例2 讨论在生活中可采取哪些方式节能。
>
> 例3 收集资料,调查当地大气污染、水污染、声污染等的主要污染源,了解预防方法。
>
> 例4 收集资料,从能源的角度讨论为什么要对垃圾进行分类。

这是刚刚提到的物理新课程标准对这个目标的一个描述。在这个描述里面,我们主要遵循可持续发展的理念,但是也会让学生写一个他们自己对这个目标的理解。

> 在2049年,最重要的不是爱情,而是能源。在这个全部都是理工男的PBL,我们将一起探究2049年的能源系统,并且实现我们的Objective:狂拽酷炫＊＊＊的发储电装置。
>
> ——项目团队

学生的目标

这是做这个项目的这支团队对这个目标的理解。其实在建立这个目标之后,学生是需要一系列的活动去发展核心素养以及学科素养的。

在这个任务里，他们一共经历了大概五个步骤：研究现在的能源使用情况并形成研究报告；设计未来家用能源系统；采购物资；完成这个模型的搭建；向公众展示。第五步的向公众展示其实是非常重要的，就是我们希望学生很多的项目都是能够和真实世界发生互动的，因为他们最终的学习成果一定是会对社会产生影响的。同时，这样的展示也能够让学生完成任务的动机更加强大，因为他们要向真实的社会进行成果的展示。

很多的项目制学习活动或者发展素养的学习活动，到这个地步可能基本就结束了，但是后面有一个很重要的事情是探月的学生需要做的，就是需要做这个项目的整体的反思。项目的反思需要比较结构的运行。

在探月学院我们会把对项目的反思拆分成三个大的部分：我做了什么，我学会了什么，我的总结。"我做了什么"部分，其实可以更加细分，一个素养发展项目里面可能有不同的活动，这里面一共有五步。学生可以写超过这五步的东西，但是做自我反思的时候一定要清楚地表达"我到底做了什么"。

在"我学会了什么"部分，学生写下课程所设定的发展目标的内容，因为项目本身是有它所发展的核心素养目标的，以及学科素养目标的。在这两个方面，学生是要考虑他在这个结构下是怎么去进行发展以及取得进展的。如果有超越这些部分的内容，学生可以加入。

从学生的总结中，我们会发现其实学生成了一个数据收集的主体者，以及他要考虑的事情是"我怎样结构化我的发展成果"。这样一个

模板也不是只适用于一个项目，我们所有的发展素养的项目里面都会去使用这样一个评价方式，这个评价方式在国际上被称为表现性评价，这是现在评价核心素养的通用方式。

即使完成了这个结果反思，也不是说整个项目就结束了。探月学院通过自己的一个技术系统，能够展现学生在不同方面的素养发展。通过这个系统，我们可以看到，不同学生的素养发展是不太一样的，因为他们的发展状态是不同的。

在完成这样一个素养发展之后，我们其实要考虑学生怎样能够把他发展的这些证据进行一个结构化的整理。比如探月学院的IT平台更多的是让学生能够把他所展示的团队合作能力进行系统化整理后再放入另一个系统里面。接下来他会邀请老师去认证他的学习过程，以得到老师的认可。

以上基本就是我们探月学院发展学生素养的一个整体过程。

如果要完成刚才的发展历程，本质上需要一个系统的设计。因为我们的每一个步骤都是基于设计的。我们把这样的一个系统设计分为六个板块：

第一，出口端对素养发展是重视的，这是很重要的外在动机。

第二，学生对自身学习目标与计划要有责任感。就是学生要有这个动机去收集这些数据。即使我们搭建了这个框架，但是学生作为主体他是不是有这个动机去收集这些数据是非常重要的。

第三，使学生能够有机会去发展、收集数据，这就是我们的课程体系和框架的作用。

第四，老师是否有能力真的把发展素养设计到课程里，他是不是能够设计一些体验和活动去发展这些素养？

第五，支持结构化数据收集工具。

第六，我们是不是能够把这些收集起来的数据进行结构化的整理，并且提供高可信度的背书。

接下来，我会更加详细地讲述在这六个板块里面我们是怎么做的。

在外在动机上，我们现在的学生都是会出国的。我们现有的成绩单体系能完整地对接 MTC New Model 的教学体系及以学习者为中心的反馈系统，我们是目前 MTC 在美国以外唯一的联盟校。同时我们相信新高考正在推动中国大环境的变化，但是到目前为止像探月这样的学校的毕业生还是无法进入国内大学学习的，我们主要的升学方向还是国外的大学。

学生应该具有对自身学习的目标与计划的责任感。我们让学生自己定义学习目标，他们是有这个基础的。他们能够基于自己的毕业标准和大学需求来制订自己的学习目标和计划。本来美国大学，或者德国大学都有需求，标准其实是在那个地方的，毕业标准其实也是清晰的。所以，我们改变了目标设定逻辑，不会像保姆一样天天帮学生把所有课表全都排好，所有事情都安排好，学生直接去就行了，那样会有违我们培养自主学习，包括自我反思和自我激励这样的一些学习品质的初衷的。我们采取的方式是，让学生学会安排自己的学习。我们支持他们建立自己的学习目标和计划，用的是一套工具，叫 OKRs（目标与关键结果）。这个 OKRs 是比较有名的一个目标管理方式，我们整

重构教育评价体系

个企业也是使用这样的方式管理目标和管理结果，学生也是基于这样的方式建立自己的学习目标和计划。学生在老师的支持下，每周进行目标的关键结果的反思。以下例子是一个实际的目标在结构化系统中的运作。

在学生能够定义自己学习的目标和计划的前提下，我们就会制订清晰的素养发展目标，那么我们该如何搭建起完整的结构以支持这样一个体系呢？

探月学院创建了三个学习模块去达到这样一个目的。第一个学习模块，叫混合式学习模块，主要解决传统学校里知识和基本技能方面的问题。线上学习我们使用的是可汗学院的教学视频。老师在这里依然很重要，老师在线下要做很多工作，比如引导学生展开讨论，让学生自己分配学习时间，但是相对于他们以前，依然节省了大量的时间。老师的大量时间其实都会用在第二个学习模块，我们叫它项目式学习模块，刚才我给大家展示的这样一个项目。项目式学习的核心并不是要包含所有的知识，它的核心是把这些关键的素养和关键的概念结果转化成为项目去学习。因为这些结果、这些关键概念很可能是比较难以理解的，以及比较难以应用的，而且它们具有裙带效应，学生能够在做一个项目的时候对其他的知识都产生比较大的兴趣。所以，素养发展部分其实是用项目式学习去完成的。第三个学习模块，叫深度学习模块，它会提升学生的自我认知能力和系统思维能力。

刚才我们讲的能够发展素养的这样一个项目，其实是需要老师们有能力去进行这样的课程构建的，一般课程建构都会经历以下一些步骤：

在学校层面，学校自己有一定的素养评分系统。在探月学院我们搭建了通用素养评分模型，自我认知能力、创造力这样一些能力的结构系统。在学科核心素养方面，我们很大一部分使用国家的课程标准。但是，在设计课程之前，很重要的是要建立评分规则，比如一个人的能力、创造力或者沟通能力到底代表着什么，到底意味着什么。在探月学院，沟通能力有4个等级，根据学生所表现出来的水平会落到具体的等级上去。比如第一个等级表示不怎么说话。第二个等级表示愿意积极地表达自己的观点，但是可能会忘记别人的观点。第三个等级表示会表达自己的观点，而且不会忘记别人的观点。第四个等级表示能够组织大家一起讨论。这是四个很不一样的能力发展的阶段，这其实就是一般量规用于这些核心素养发展时期的一个很重要的表现。教师只有在清楚量规的前提之下，才可能构建任务包。像刚才我们说的有任务一、任务二、任务三、任务四，教师到底根据什么构建这个任务包，核心是他一定要清楚发展的目标到底是什么。基于上面的设计，所有的教学活动才会发生实际的教学场景，并在教学场景中持续获得反馈。刚才看到的第一个展示的项目制学习样例，其实背后教师是需要经历这样的一些过程的。

当我们做了这样一个项目，数据该如何被结构化地进行整理？学生会做怎样的反思？其实对于学生来说，他在学校的体验里面会说我要设定自己的发展目标，考虑选择什么样的课，不管是线上的系统化的知识，还是线下的素养发展型的项目，我该去选择什么样的一些课以达到我的目标。接着是我要进行学习、收集、反馈等等。然后要形成一个项目的反思集,这样的反思集需要被整理到一个更加结构化的数据库内,这就是一个数据库的状态。

在我们讨论设计什么样的流程以保证学校评价结果的可靠性时,我们选用年度答辩的方式。刚才展示的数据库,表明同样一个能力的发展可能来自很多不同的项目。所以,学生在一年的时间里面可能会参加不同的项目、不同的活动,所得到的作品集都可以放到自己的数据库里面。比如说当学生想要去证明自己在创造性思维和合作能力上有真实发展的时候,可以在答辩时把相应的作品集变成一份答辩材料。

接下来会经过素养答辩委员会,形成一个学校级别的成绩单。这个成绩单其实是我们通过MTC最新的成绩单系统去做的这样的一个整理。

所以,我们可以看一下,在解决核心素养评价这个问题的过程中,我们到底使用了什么样的方法。在第一个没有内容可写的阶段,我们考虑必须要建立支持素养发展的课程体系。在不知道发展了哪些能力、能力发展程度如何评估的阶段,我们考虑必须要去建立一个表现性评估系统。在表现性评估系统中有很多作品集,在不知道怎么进行结构化梳理的阶段,我们考虑要构建一个结构化的IT系统。在资料可信度低的阶段(但这时的可信度不能低于学校传统的GPA,即平均学分绩点),我们考虑选用年度答辩的方式,形成一个学校级别的成绩单。因为在国外申请大学也得有成绩单,这时的成绩单至少不能低于传统的成绩单。但是,它必须有一个建立的基础,就是学生拥有内在动机和外在动机做收集数据这件事情。

在整个过程中,我们也必须要为教师提供支持,包括专业的发展、量表工具、日常教育与反馈工作坊,以及IT系统。而在这个过程中,我们也得到了很多的支持:我们是斯坦福测评中心第一个在中国系统性落地合作的学校,我们拥有展望学习伙伴(Envlslon Learning Partner)项目学习和表现评价系统(它是美国历史最悠久的一个学校素养评价系统),等等。我们和它们这些拥有最佳实践的素养评价机构合作,为的是未来我们也可以设计支持核心素养评价系统落地中国的产品。如果大家感兴趣,可以更多地关注我们,谢谢!

重构教育评价体系

张勇 [注]

北京市公众教育科学研究院院长

[注] 张勇先生因长期超负荷工作,于2019年3月25日逝世。终年51岁。

创新潜质的评价

"创新潜质"是2015年、2016年开始出现在中国教育部颁布的高考招生制度改革文件上的。自主招生两大资格条件（也称前置性考试），一个是学科特长，一个是创新潜质。创新潜质是未来中国高校尤其是"985"高校、"211"高校大量招生的关键依据。不仅如此，创新潜质也是中国未来人才培养的重点方向之一。中国未来人才培养的三个类型：综合型人才、专业型人才、创新型人才。

创新是发现和发明。如何评价发现和发明，至今是国际难题。我下面讲的也是探索之一，没有在国际上成为定论。

为什么讲创新与创新潜质？因为我们平时的话语缺乏概念明晰性和准确性，对创新和创新潜质不分，往往把教育创新评价和潜质评价混为一谈。

我们看创新，创新是以新思维、新发明和新描述为特征的一种概念化的活动。首先是一种概念化，今天上午我们听澳大利亚学者讲的，你要进行创造性行为，首先得形成概念，就是指这个。

"创新"这个词来源于拉丁语，含义是"更新、创造新的东西、改变"，这三个词是什么意思？值得大家好好琢磨一下，这里就不展开说明了。创新的作用：1. 满足了人类生存与发展的客观需要；2. 深化了人类对客观世界的认知；3. 提高了人类对客观世界的驾驭能力；4. 创新的基本原则：必须遵循科学技术原理，不得违背科学发展规律。我们已经发现的定理、定律不能违背。比如现在从互联网上我们可以看到，每年都有永动机的创新发明，永动机受热力学第二定律的否定，不成立，你的发明与现有理论相抵触，肯定是不能成立的。

创新潜质，就是一种关于创新的潜在的状态和特质。有好奇心、开放、独立、大胆创新、有毅力、有信心等，是创造性人格的共同特性。为什么把创造力、创新潜质放在这儿，我们以往对教育创新进行评价，实际上是对创新成果的评价，而此刻我们真正评价的是创新发生以前的潜质。

关于创新潜质的评价理论之一——三环创新人才理论，从1983年被提出来以后，在全球发展得越来越快，成为欧美国家发现创新儿童和天才儿童的一个关键依据。我们知道美国基础教育中，有一个"天才儿童计划"。"天才儿童计划"实施的两大理论基石，一个是多元智能理论，一个是三环创新人才理论。美国马里兰州州立大学的终身教授兰祖利提出了三元人才理论、三环创新人才理论，这两个理论是一个事物的两个方面。兰祖利发现不平凡的、有创造性才能的人拥有三个相互作用的特质群，它们是高于平均水平的能力、执着精神、创造力。这三个特质群也称"三元"，是创造性的、多产的、创新人才共同拥有的基本素养，缺一不可。他花费20多年的时间，研究有实现过创新、创造的人。他发现所有他研究过的人身上都有这三个共同的特质。如果没有这三个特质就不会创造出任何东西来，这是他的研究结论，由此他得出了三环创新人才理论。这个三环创新人才理论里面的创新是三个环交集的那部分，交集那部分越大证明创新能力越强，交集那部分越小证明创新能力越弱。

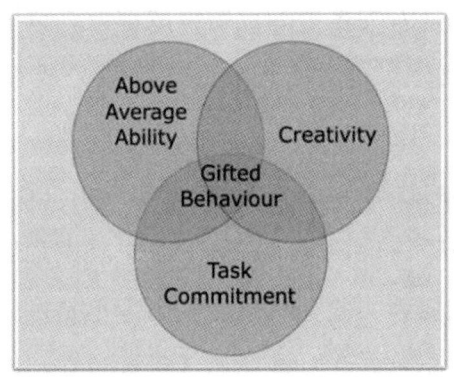

三环创新人才理论示意图

高于平均水平的能力，就是说在特定的工作领域和特定的区域内，他的潜质和能力处于前15%和前20%，我相信在座各位的潜质和能力在自己的高中或者大学基本都处于前15%和前20%。

执着精神，非常重要，高度集中的、精练的、锲而不舍的动机形式，也是一种解决特殊问题完成特殊任务或者深入特殊工作领域的能量。他把执着精神定义成一种心理能量，这种能量是高度集中的、精练的、锲而不舍的。

创造力，到现在研究上还是比较模糊的，应该说在高于平均水平能力和执着精神以外，创造力这个概念至今没定义好，因为它还在探索中。创造力指遇到问题的时候摆脱思维定式解决问题的能力。在发散思维的基础上再进行聚合思维，就是先发散再聚合，从而创造性地解决问题，这个理论是吉尔福特20世纪四五十年代提出来的。发散和聚合是一个双向的行为，现在对世界研究普遍是三元结构而不是双向结构了，所以这个理论有待提升。

创造性思维是人的智力的重要组成部分，创造力是人的智力结构中的重要组成部分。过去把人的心理因素分成智力因素和非智力因素，它是过渡带，具有流畅性、灵活性和独到性。

三个特质群的共同作用才能造成人的创新潜质。

关于创新潜质评价技术我们看一下。首先我想跟大家说一下，这个评价技术还在探索实验期，理论在国际上是优先的，但是技术上未必成熟，因为关于创新和创新潜质评价理论在国际上处在一个高速发展期，到现在远远没有定论。

创新潜质评价理论基础，我们现在只能定义为三环创新人才理论。因为从20世纪80年代以来，从日本到欧洲、到美国，关于创新人才和天才儿童研究主要是用这个理论，其他理论逐渐被淘汰掉了。这个理论背后的应用理论为多元智能理论。我们知道20世纪80年代提出的一种新的智能理论——加德纳的多元智能理论，还有从20世纪80年代到90年代把非智力因素理论认知为一种情商能力理论，还有一种是多维项目反应理论，这三个理论为构架创新潜质评价理论的基础。

我们看看创新理论评价的目的，我们知道评价里面有一个重要的目标原理，有什么样的教育目标就有什么样的教育评价，目标决定评价。既然提出了创新潜质为高考录取的目标之一，创新潜质将成为中国培养人才的目标,这个目标决定了对创新潜质的评价。

评估的目的或创新潜质提出的目的是什么?选拔具有执着精神和创造力这两个特质的,且能力高于平均水平、能创造性地解决问题和完成任务的学生。能创造性地解决问题和完成任务的学生,就是不用常规方法解决问题和完成任务的学生。

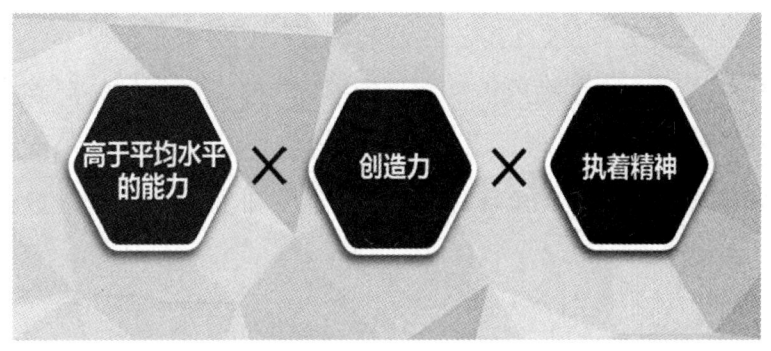

三种特质群的交合结构模型

这个理论模型就是三种特质群的交合结构。技术模型,我不知道该怎么表述,把三个特质群分别进行测量,测量完之后取这三个特质群的交集部分来进行评价。

基础模型理论的技术实现首先得有个维度、指标体系,我们看看如何设立这个维度和指标体系,因为我们知道教育评价首先是基于目标的评价,目标评价有维度和指标。高于平均水平的能力,这个能力指标是经过多年整理的、经过多年的实践得出的。创造力指标,这个指标体系中从20世纪50年代到21世纪的指标都有,为什么?创造力这个指标不太成熟,分创造性思维和创造性人格。执着精神,近些年在研究上比较成熟了,首先就是永恒性,做事有始有终,趋近性成就动机水平高；其次是热衷性，我们平时说浓厚的兴趣，兴趣和热衷性还是有区别的，兴趣是我们平时的口头语，心理学上这个词语逐步更改了；再次就是韧性，就是反复捶打，不改初衷。还有自信度、自我效能感。

我们过去测试做过一个评价报告单，项目上有创造力、执着精神和能力。现在这个报告单的内容还在保密期。过去我们做了六年的评价实验，信度、效度还是蛮好的。尽管信度、效度蛮好，但是还不敢确信这个报告在多大程度上符合创新潜质评价，只能说现在是实验期。做创新潜质评价在全球是个非常吃力、非常费力、非常费钱而不讨好的事情。

谢谢大家！

教育创新评价

顾 远

Aha社会创新学院创始人

重构教育评价体系

对于创新教育的评价，要抛弃下意识里的工业时代思维

杨东平老师邀请我来参加这个论坛时，他跟我说的是让我点评前面的几位演讲者发言的内容。来了以后，我才发现已经给我定好了题目，变成演讲了，所以我没有PPT，和大家即兴分享一些我对"教育创新评价"的思考。

前面杨老师分享时提到了芬兰的例子，芬兰教育全球第一，而芬兰的学生并不像我们的学生学得这么辛苦。坐在我旁边的一位伙伴听到这儿就问了我一个问题："你说为什么芬兰的教育世界第一，而芬兰的综合国力却并不是世界第一呢？"我觉得这是一个特别典型的问题，它很好地体现出了围绕教育和教育评价人们常见的两种"集体无意识"。

首先，这个问题的背后暗含了一个假设，就是教育的目的是为了提升综合国力。

我们不排除从政府的层面或者对某些教育机构而言，这个假设可能确实成立。同时，我们也应该意识到，不同的教育主体和利益相关方对于教育的目的经常是不尽相同的。有人认为教育的目标就是"吃

得苦中苦，方为人上人"；有人认为教育是为社会主义培养接班人，为民族复兴积蓄力量；有人认为教育应该是培养一个个活泼的人……对芬兰而言，很可能人家更在意教育是否能提升国民的幸福指数，然后顺便也提升了在PISA考试中的成绩。而后者，仅仅是实现真正目标过程中的副产品。

于是，这就让我们意识到了另一个"集体无意识"。芬兰教育"世界第一"这个不假思索的说法是怎么来的？

原来，它指的是芬兰在PISA考试中的成绩世界排名第一。我们一方面不断地引用芬兰的教育实践来展示教育创新的多种可能性，来为我们打破应试教育的努力寻找启发，另一方面却仍然把它在一个标准化考试中的排名当作它的教育成就的证明。我们是否意识到了这其中的矛盾之处？

对教育的评价是很难的，哪怕是看起来非常简单的内容。

比如计算机课上学了打字，想测评一下学习效果，听上去足够简单了吧。但是测评的是速度还是准确率就不一样，更不要说还涉及输入文本的难度，在不同干扰环境下的表现等。评价应试教育好歹还可以用考试的分数来衡量，评价非应试的创新教育就更复杂了。

此时，我想分享自己的一个核心观点：

关于教育的评价我们应该抛弃在下意识里的工业时代的思维，这种思维让我们总是想要找寻到一种"标准的、精确的、固定不变的"评价体系。

我们应该意识到教育评价是科学和艺术的平衡、精确和模糊的平衡、主观和客观的平衡，并且评价过程本身伴随着真实的学习历程，是动态的，而非静态的。

任何的教育评价都不是孤立存在的，而是服务于特定的教育目标，目标不一样，评价的内容、方式、主体等都会不一样。

比如现在学校都会重视让学生掌握一定的电脑操作技能，但并不意味着教学目标就是一样的。"帮助学生熟练地使用数字产品"和"帮助学生借助数字产品来进行创造"显然是两种不同的目标。

总体而言，教育创新的趋势在教育目标上表现为越来越以学习者的个人成长为中心，帮助学习者发现和发挥自身的潜力，获得终身幸福，并成为一个积极的公民。

进而，任何的教育目标总会落实到具体的教学内容上。

我发现做创新教育的人设计的教学内容一般有四个来源，当然这些来源往往相互交叉。

一个来源是国家课程标准，规定好了各个阶段学习者应该掌握的内容。

一个来源是所谓的"威胁论"。典型的如 AI 威胁论，我们要学习什么取决于什么事 AI 不能做只有人才能做的，否则我们以后的工作就要被 AI 抢走了；还有国家竞争威胁论，国民要学习什么取决于在国际竞争中要获得怎样的优势。

一个来源是学术上的实证研究。比如前面一位讲者分享的"创新素养"框架，就是依托一些学者对这个问题的实证研究得出的结论。有必要提醒一句的是，对某个问题的学术研究往往存在多个竞争性的理论，不可太过迷信某个理论，而科学进步就是在不同理论的竞争中发展的。

第四个来源是做创新教育的那个人自己。很多小微创新学校里，创始人都有自己特定的教育理念，可能出自某种信仰，可能出自某个理论体系或者流派，也可能是很个人化的研究和实践经验。

总体而言，教育创新的趋势在教学内容上表现为越来越从传授"事实性知识"转变为"培养学习者的核心素养"。

不同的教学目标会侧重不同的核心素养。现在有很多机构提出了各种各样的核心素养框架，彼此之间有相同的地方——比如常见的4C核心素养；但也有很多不同的地方，即便是同一个素养之下包含的内容也未必完全一样。所以我们不要去指望有一套标准的、适用于一切目标的素养框架会出现，同时，在应用某个素养框架时也要明白其来龙去脉才能有效实践。

测评方式可能是教育评价体系中人们最容易感受到也最受抨击的地方。

应试教育的测评方式一般就是标准化的考试，而且只能独立完成，不能和其他人商量，不能借助外面的工具，不能用网络查询，还只能用笔写。而我们又期待这些学习者在从学校毕业以后能够表现出良好的与他人协作的能力，能够熟练应用数字产品，能够有很好的网络素养、信息素养……这岂不是很矛盾吗？

总体而言，教育创新的趋势在测评方式上表现为越来越多元，越来越与不同的学习方式相互匹配。

比如现在很流行的项目式学习（PBL），常见的测评方式就是项目的最终成果展示和过程中的学生自我评价等。

上午有一位嘉宾在分享时提到美国做教育评价都是"结果导向"的。他还做了个类比，说就好比一只鸟捉虫子喂小鸟，你管它是怎么喂的，最重要的衡量标准就是最后那个小鸟能飞了就对了。我觉得这种说法难以置信，这个类比糟糕透顶。

首先，教育的目标——如我们前面所说，是多元的，不可能像小鸟会飞了那样就是为了一种结果。

其次，老鸟喂小鸟这是个由基因决定的生物性行为，小鸟长大了喂它的下一代还是一样的动作。而教育可不是这种机械重复性的行为，教育是要帮助人发现内在动力和潜质去自我成长的，所以不可能不关注过程，只关注结果。

事实上，今天越来越多的教育测评除了测最终的学习成果，也会测评和记录学习的过程，并据此来帮助学习者调整自己的学习行为和下一步的学习目标。

这个过程很类似 GPS（全球定位系统）在导航时所起到的作用，帮助你到达设定的目的地，在过程中随着真实发生的情况及时地给予你反馈并调整路线。

而从更为深远意义来说，在这个风云变幻莫测的时代，连目的地的设定，也就是学习的目标，也是一边探索一边发现、不断进化逐渐形成的，没有一个现成的、所有人都一致的、清晰明确可以事先就能界定的目标。

另外，测评方式也内在地包括测评的主体。

传统的应试教育，就是老师出题考学生。在创新教育领域，我们会看到除了有老师参与的评价，也会有学生的自评、学生之间的相互评价、社区或者其他专业人士的评价等。

说到这儿，我想起就在前不久（2018年10月8日）台湾正式实施《学校形态实验教育评鉴规范》。其中第二条提到了政府对实验教育进行评鉴的原则是"协调沟通"，而不是我们在大陆常见的"指导和规范"。同时，第三条第二款进一步指出评鉴之前要和被评鉴的机构协商评鉴的内容和形式，而不是要求后者去被动接受前者所规定的。这就在实施细节上更体现出政府主管部门对民间的创新教育的尊重和信任。同时，这也表明政府和民间创新机构都意识到，教育，特别是创新教育，是不能用一套标准化的体系去评价的，从内容到形式只能在实践中逐步摸索。

最后，就要说到教育评价的结果用来做什么，也就是教育评价的目的是什么。

传统应试教育是用一套评价标准来评价所有学生，本质上是把学生当作"产品"来筛选，所以评价的结果就是"成功"和"失败"，其实就是"合格"和"不合格"。

总体上，教育创新的趋势在教育评价的结果应用上体现为越来越把学生当作"用户"，评价的目的不是为了奖惩，而是为了帮助学习者更好地学习，不断获得学习成果，提升自己的成长体验。

我们都听说过"适应性学习（adaptive learning）"，现在还出现了

 重构教育评价体系

"适应性考试（adaptive testing）"，根据上一道题的结果推算下一道题的结果，以便更有效地评估学习效果，也便于学生和老师根据每一步的测评来决定下一步的教学。

教育评价体系的问题目前已经成为制约教育领域创新发展的最主要的问题之一。很多关心教育创新或者正在实践教育创新的人会积极地从网络上或者书本上搜集各种素养框架、评估表、评价工具等，一些教育机构也会展示一个看起来非常细致严谨的评估框架来证明自己的教育实践的有效性，却往往忽略了：

一、创新教育并不存在唯一"正确的"评价体系，而只有"合适的"评价体系。

二、"合适的"评价体系由教学目标、教学内容、评价方式，以及对评价方式的应用这四点组成，并且这四点有着高度的内在一致性，相互匹配并相互支持。

各方对教育评价体系的探究正越来越深入，很多很精细的框架已经出现并正在实践中被应用。比如Summit的学习测评系统，基于斯坦福评估学习与平等中心（SCALE）的跨学科技能评估准则。这套测评系统精细到学生7大认知领域的36个具体的认知技能，每个认知技能还被细分为8个不同等级。借助这套测评系统，人们希望能够更加精确、具体地展现每个学生的认知能力发展程度，并帮助他们制订更加清晰的学习目标，来达到综合指导和规划学习的目的。

再次提醒一句，这些都只是测评系统"之一"，而非"唯一"；并且它要真正发挥作用，一定是建立在上面我们说过的四点内容相互

匹配相互支持的评价体系之上的。

在测评体系不断走向精细化的同时，我们也不要忽略或者排斥相对主观的、定性的、模糊的测评方式。

德鲁克在回顾成长历程的时候提到过自己在小学阶段遇到了人生的第一位导师艾尔莎小姐。这位年轻的女士发现了小德鲁克在写作方面很有天分，于是鼓励小德鲁克每周都写一篇自己想写的文章，然后给予及时的点评反馈，帮助他不断提高写作水平。最终德鲁克的写作天分得到了极大的发挥，他不仅是个思想家，还是个文体大家。另外，德鲁克成年以后经常使用"反馈分析法"来助力个人成长。他每年都会给自己制订个人成长计划，定期用实际的成果与当初的计划做比较，借此分析出自己的长处、自己的学习方式的特点，并制订下一阶段新的成长目标。

教育的"出口"对教育和教育评价的影响是显而易见的。

人们常说教育的目标就是3C：College（大学）、Career（工作）、Citizen（公民）。长期以来，体现标准化考试的成绩的一纸文凭成了教育的"出口"和判断教育成果的工具。本质而言，文凭是为了解决信息不对称的情况下快速筛选人才的问题。那么如果在信息相对充分透明的情况下，是不是可以尝试更多其他的对教育成果的认可方式。比如小微创新学校在彼此熟识的情况下，可否相互认可彼此的学分和各自多样的评价方式；比如企业和学校之间建立委托培养关系，用毕业生在实际工作中的表现作为教育成果的体现；再比如国外有一些以同辈学习（peer-to-peer learning）为主要学习方式的学校会向本地的高校提出要求，在录取自己的学生时增加"同辈证言（quote）"作为学习成果评价的比重。

最后我想指出的是，关于创新教育的评价我们可以从其他一些地方获得启发。

比如企业是如何"选用育留"人才的，如何编制"素质词典"、如何制定"人才发展规划"的；比如幼教、特殊教育领域是如何做教育成果评价的。因为这些教育领域离应试教育相对比较远，时间关系，我就不展开细说了。

今天这场即兴发言基本上把我对创新教育评价的主要观点都说了，内容有点儿多。

如果大家只能记住三个词，或者三句话，我希望是下面这三个：

1. 目标：不存在放之四海皆准的评价标准，任何教育评价框架的起点都是教学目标。

2. 平衡：教育评价是科学和艺术的平衡、主观和客观的平衡、精确和模糊的平衡。

3. 动态：教育评价的方式回应着教学目标和教学内容，目的是为了帮助学习者成长，所以做教育创新的人应该有能力及时动态调整自己的教育评价方式。

谢谢大家。

附录：

中国教育三十人论坛
关于建立科学合理的教育评价体系的建议

2018年12月2日，中国教育三十人论坛第五届年会在北京举行。本届年会的主题是"重构教育评价体系"。除了中国教育三十人论坛成员，我们还邀请了全国人大外事委员会副主任委员、北京大学原校长林建华，澳大利亚教育家、国际著名作家布莱恩·卡斯威尔等嘉宾作了演讲。论坛期间发布了《大学排名的风险》和《2018年中小学生减负调查报告》两个研究报告。来自全国各地的现场听众近千人，通过网络直播观看本届年会的观众达到100万人次。会议采用演讲、座谈、互动等多种方式，广开言路，广纳群言，广集众智。

针对习近平总书记在2018年全国教育大会上指出的教育评价"五唯"（唯分数、唯升学、唯文凭、唯论文、唯帽子）的顽瘴痼疾，专家学者们在深入剖析的基础上，提出了很多非常具有建设性和可操作性的建议。

为了促进建立科学合理的教育评价体系，中国教育三十人论坛提出如下建议：

一、切实减轻中小学生课业负担

论坛期间发布的《2018年中小学生减负调查报告》显示：中小学生课业负担过重现象仍然广泛存在，而且正在从大中城市、中产阶级 向中小城市(县

城)、工薪阶层蔓延。课业负担过重现象主要表现在三个方面：一是课程学习的负担重；二是校外学习的负担重；三是学生的心理负担重。孩子真正能够睡到自然醒的不到25%。对于造成学生学业负担过重的原因，分别有55.34%和23.21%的家长认为，是由于升学压力大引起家长焦虑或学校教育片面追求升学率，32.58%的家长认为"学校教学效率不高、作业偏多"是学生学业负担过重的主要原因。

为了促进每个孩子健康成长和人才培养，为了维护国家整体利益，必须坚决治理中小学生课业负担过重现象，持之以恒，才能从应试教育突围。我们建议：

1. 改善和规范义务教育学校行为。要定点消除薄弱学校，高中教育均衡化和多样化发展；严禁教师校外有偿补课；把学生的成绩作为个人隐私予以保护，严禁公开学生的考试成绩，严禁对学生考试成绩进行公开排名。

2. 扩大教育的选择性和多样性。大力促进办学体制改革，借鉴美国"特许学校"、英国"自由学校"、中国台湾"实验教育"的经验，通过管办分离、委托管理的方式，加强公办学校的活力，这是世界范围内基础教育学校变革的主流方向。

3. 推动线下教育与线上教育融合。实践证明，以促进学生发展为本的在线教育有助于及时反馈、汇总、个性化辅导，可以助力学生减负。

4. 推动学校教育与校外教育、家庭教育融合，在全社会形成教育合力。减轻学生课业负担，首先，要立足于全面提高学校教育的质量；其次，学校教育要指导学生接受合理的、科学的校外教育，并实现学校教育与校外教育的衔接；最后，学校教育要与家庭教育同心同向，实现家校共育。

二、改革中小学教师职称制度

现行的中小学教师职称制度有一定的缺陷，也产生了个别教师因为职称评价问题而自杀的社会悲剧。全国31个省、市、自治区38 694名教师的无记名调查数据显示，约79.44%的教师认为，现有职称制度不能激发调动教师的工作积极性，约96.89%的教师认为需要改革，仅有约0.73%的人主张"维持现状"，可见中小学教师职称制度改革是相当广泛的民意。我们建议：

1. 重视教育教学质量的提高，精简评选标准，去领导化，去形式化。

2. 完善中小学教师工资制度，改革中小学教师绩效工资政策，降低职称对工资的影响，增加工作资历和工作绩效在工资中的比重。

3. 完善中小学教师职称评审制度，把中小学教师职称的评审权、聘任权还给学校，把中小学教师职称评审方案的制定权还给教职工代表大会，把中小学教师职称评审权的行使交给中小学教师学术委员会。

三、进一步完善高考改革

高考改革目前运行顺利，积累了一定的经验，也暴露了一些问题，亟待解决。主要问题是：选课走班后，配套的教师编制、经费、场地明显不够，最大的问题是动力不足；新高考里的功利性陷阱值得警惕，如物理参考人数锐减；学科赋分现象（如2018年浙江的高考英语加权赋分事件）、校园高复现象开始出现，选考科目考试安排过早打乱了高中的教学秩序；高校按照专业提出选考科目要求的积极性不高；等等。我们建议：

1. 将学业水平选考科目考试时间适当后移，绝大多数科目放到高二以后和高三来考。

2. 减少选考科目次数，实行一年一考，减少无意义的重复考试。

3. 选考科目的人数实行"保底制",教育部进一步完善《普通高校本科招生专业选考科目要求指引》,强化对高校招生专业选考科目的指导。

4. 鉴于物理学科在国民科学素养中的重要地位,历史学科在国民人文素养中的重要地位,同时,真正解决物理学科在先行试点省份中出现的选考人数大幅下降的现象,适当提高物理和历史学科分值在整个高考总分值中的权重。

5. 建议教育部在"9701"工程的基础上把现有的中国教育考试网进一步升级,所有普通高校能在这个平台上公布本校不同专业具体的录取要求和方案,让考生根据自己的兴趣报考相关的院校。

6. 所有的考入过程,包括中小学学生学业档案的形成过程,都应该在网上有记录,以接受鉴定。

四、正确对待大学排行榜,还大学安宁环境

大学排名对高等教育整体的影响非常大,很多学校开始对着指标办学,已经成为一个值得重视的问题。我们完成的课题研究报告《大学排名的风险》表明,大学排名存在七大明显缺陷:导向不可取、学校不可比、标准不统一、指标不匹配、数据不可靠、方法不科学、明显的文化偏见。过于关注大学排名不仅无益反而有害,并明显产生了不良后果:助长了急功近利办学、助长了忽视学生利益办学、助长了淡化特色办学、助长了大学盲目扩张、助长了非道德竞争、助长了西方中心论。我们建议:

1. 教育行政部门要合理配置资源,防范恶性竞争,建立更透明的信息公开机制。

2. 建立正确的评价体系。建立适当的大学排名监督机构,纠正大学过于注重排名的不良倾向。

3. 引导大学树立正确的发展质量观,按照教育规律办学,坚持特色发展。

五、建立以"学分银行"为载体的终身学习体系

"学分银行"就是模拟银行的功能特点的一个学分管理机构。未来所有的孩子从出生开始,就用他们的身份证设立个人账户,在他们成长过程中所有的学习经历都可以在"学分银行"原生态记录。根据"学分银行"制度,学生只要学完一门课就计一定的学分,参加技能培训、考证也计学分,然后按全部应得学分累积,而且通过"学分银行"使不同的学习成果之间可以等值。这种制度将学生的学习从固定学习制变为弹性学习制,允许学生不按常规的学期进行学习,而是像往银行存款一样,学习时间可集中也可中断,即使隔了几年,曾有的学习经历仍可折合成学分,存于"学分银行"。

未来的学习一定是终身学习,"学分银行"是适应未来学习的一种新型模式,值得积极探索。我们建议:

1. 以国家开放大学的"学银在线"为基础,在小范围内进行"学分银行"的试验,然后总结经验,稳步推广。

2. 因为"学分银行"可以记录高中毕业生12年的学习数据,作为高考之外的学习评价的补充,"学分银行"应该比高考一次终结性的考试客观性更强。

中国教育三十人论坛
2019年1月1日

 重构教育评价体系

中国教育三十人论坛成员名录

论坛国际学术顾问

穆罕默德·尤努斯（孟加拉国经济学家，诺贝尔和平奖获得者）

约翰·奈斯比特（世界著名未来学家、肯尼迪总统教育部助理部长、约翰逊总统特别助理）

论坛学术顾问

顾明远（北京师范大学教授，中国教育学会名誉会长）

吴敬琏（国务院发展研究中心研究员，中欧国际工商学院终身荣誉教授）

陶西平（联合国教科文组织协会世界联合会副主席）

张信刚（香港城市大学原校长，英国皇家工程院外籍院士）

论坛成员（以姓氏笔画为序）

王嘉毅（中共甘肃省委常委、秘书长，甘肃省教育厅原厅长）

文东茅（北京大学社会科学学部副主任，中国教育发展战略学会副会长）

石中英（清华大学教育研究院常务副院长，北京明远教育书院院长）

朱永新（民进中央副主席，全国政协常委、副秘书长）

汤 敏（友成企业家扶贫基金会常务副理事长，国务院参事）

严文蕃（马萨诸塞大学波士顿分校终身教授、教育领导学系主任）

李希贵（北京十一学校校长，中国教育学会副会长）

李镇西（教育哲学博士，成都市武侯实验中学原校长）

杨东平（21世纪教育研究院院长，国家教育咨询委员会委员）

张志勇（山东省教育厅巡视员）

张卓玉（国家教育考试指导委员会专家组成员，山西省教育厅原正厅长级督学）

陈平原（北京大学博雅讲席教授，中央文史馆馆员）

邵 鸿（全国政协副主席，九三学社中央常务副主席）

季卫东（上海交通大学日本研究中心主任、凯原法学院原院长）

周国平（中国社会科学院哲学研究所研究员）

周洪宇（湖北省人大常委会副主任，华中师范大学教授）

项贤明（南京师范大学教授，民进中央教育委员会副主任）

袁振国（华东师范大学终身教授，中国教育学会副会长）

钱颖一（全国工商联副主席，清华大学经济管理学院原院长）

徐 辉（全国人大宪法和法律委员会副主任委员，民盟中央副主席）

程介明（香港大学原副校长，香港大学荣休教授）

谢维和（清华大学校务委员会副主任，清华大学原副校长）

论坛学术委员会

朱永新　袁振国　杨东平　钱颖一　张志勇

论坛秘书长　　马国川

论坛执行秘书长　　石　岚

论坛执行副秘书长　　赵学勤　鲁　唯　刘立平

 重构教育评价体系

中国教育三十人论坛第五届年会演讲嘉宾名单

林建华	布莱恩·卡斯威尔	朱永新	徐　辉	周洪宇
袁振国	陈平原	严文蕃	文东茅	杨东平	李镇西
张志勇	项贤明	石中英	詹富安	叶翠微	刘　坚
刘　畅	张勇	王　烽	顾　远	洪成文	王熙乔